AF177502

Walter Ficht
Geb. am 01.03.1950
In Diespeck

Auf der Schattenseite des Lebens
Eine spannende Erzählung über eine
verlorene Kindheit

Walter Ficht

Auf der Schattenseite des Lebens

... zurück blieben Narben auf der Seele

Impressum:

Verlag & Druck
tredition GmbH
Halenreie 40 – 44
22359 Hamburg

Autor:
Walter Ficht

Titelbild-Illustration © Walter Ficht

1. Auflage, 2020 © Walter Ficht

ISBN   978-3-7497-6336-8 Hardcover
         978-3-7497-6337-5 e-Book
         978-3-7497-6335-1 Paperback

Bibliografische Information der Deutschen Nationalbibliothek:
Die Deutsche Nationalbibliothek verzeichnet diese Publikation in der Deutschen Nationalbibliografie; detaillierte bibliografische Daten sind im Internet über http://dnb.d-nb.de abrufbar.

Vorwort

Dieses Buch erzählt eine wahre Geschichte – über die Vernichtung einer Existenz, den Zerfall einer Ehe und das Leben in einem Heim.

Die Erlebnisse aus dieser Zeit trage ich schon Jahrzehnte mit mir herum. Sie gerieten nicht in Vergessenheit und bescheren mir auch heute noch schlechte Träume. Lange habe ich überlegt, ob es Sinn ergibt, die Erlebnisse und Eindrücke aus dieser Zeit aufzuschreiben, um die Erinnerungen besser zu verarbeiten, oder ob ich sie weiterhin für mich behalten sollte. Wen würde es interessieren, was ich als Kind erlebt habe?

Das ist alles schon sehr lange her. Der Markt ist mit Büchern übersät, mit Biografien und Erzählungen. Zudem habe ich riesigen Respekt vor den großen Autoren, dieser und vergangener Zeiten. Es erschien mir als Größenwahn. Dennoch fasste ich den Entschluss, es zu tun. In erster Linie jedoch wollte ich es für mich selbst tun. Es sollte meine Gedanken ordnen und meinen Kopf befreien. So begann ich, mir Notizen zu machen, und bemerkte dabei gar nicht, wie tief ich plötzlich in der Vergangenheit versunken war. Stundenlang saß ich am Schreibtisch und erinnerte mich plötzlich an Ereignisse, die ich schon lange glaubte, vergessen zu haben. Die ich wohl verdrängt hatte. Jedoch, wie im Film, liefen die Bilder aus dieser Zeit in Zeitlupe vor meinem geistigen

Auge wieder ab. Alles erschien mir plötzlich so, als wäre es erst vor Kurzem gewesen.

Meine Schwester Brigitte erzählte mir erst kürzlich, dass sie auch heute noch unter Albträumen aus dieser Zeit leidet. Die Erlebnisse sind tief in unseren Seelen verankert. Sie werden uns ein Leben lang begleiten.

Alle erzählten Ereignisse betreffen in der Hauptsache mich und meine drei Geschwister, Veronika (sie wurde immer nur Vroni genannt), Brigitte und Harald, und Paul, einen Jungen aus dem Heim. Sie sind aus meinen Erinnerungen und meiner persönlichen Sichtweise heraus erzählt. Das Leben und die Leiden der anderen Heimkinder wäre sicher auch Stoff genug gewesen, um ein weiteres Buch zu füllen. Alle Namen der hier genannten Personen wurden geändert. Die Namen meiner Familie und die erwähnten Orte sowie das Heim sind real.

Es war Mittwoch, der 20. Januar 1960, kurz vor acht Uhr. Draußen wurde es langsam hell. Die Luft war feucht und es fiel leichter Schneeregen. Ein kalter Wind wirbelte die kleinen Schneeflocken durch die Luft. Wir standen an der geöffneten Hauseingangstüre. Neben mir hielt Mutter Harald auf dem Arm, er war gerade vierzehn Monate alt. Brigitte und Vroni saßen auf einer Stufe der Holztreppe, die nach oben zu den Huberts führte. Vroni zupfte an meinem Ärmel und fragte leise: „Warum sitzen wir hier? Wie lange müssen wir noch hier warten?"

Ich zuckte nur mit den Schultern. „Weiß nicht, aber es kommt bald ein Auto, kann nicht mehr lange dauern."

Gitti war vier Jahre alt. Sie hatte rote, halblange Haare und war ein dünnes Mädchen mit blassem Gesicht. Sie trug ein Kleid und darüber eine braune Schürze. Ihre etwas krummen Beine wurden von langen Strümpfen gegen die Kälte geschützt. An den Füßen trug sie ein Paar Halbschuhe.

Vroni war acht Jahre alt und ihr Haar zu zwei blonden Zöpfen geflochten. Das Kleid wurde von einer bunten Schürze verdeckt. Sie war ein ruhiges und freundliches Mädchen und hatte immer ein Lächeln für jeden übrig.

Mein Name ist Walter – ein dünner, etwas unterernährter Junge, der am 01.03.1950 geboren wurde. Ich stand also kurz vor meinem zehnten

Geburtstag. Ich war ein paar Zentimeter größer als Vroni, hatte viele Sommersprossen und ein blasses, schmales Gesicht, rote Haare und abstehende Ohren. Der Pullover, den ich anhatte, war nicht sehr warm. Darunter trug ich ein Hemd, eine kurze Hose und lange Strümpfe, die von Strapsen festgehalten wurden, dazu ein paar Halbschuhe, die auch nicht mehr die Besten waren.

Der Wind wehte in den offenen Hausflur und die Kälte kroch uns langsam unter die Haut. Auf dem kalten und schmutzigen Steinfußboden standen zwei Rama-Kartons, in denen die gesamte Kleidung für uns vier Kinder eingepackt war. Daneben standen die Schultaschen von Vroni und mir. Wir blieben nur kurz auf den kalten Treppenstufen sitzen. Uns war kalt, deshalb traten wir ständig auf der Stelle und rieben uns die Hände, um uns aufzuwärmen.

Mutter wechselte Harald vom rechten auf den linken Arm und zurück. Dabei strich sie mit der freien Hand langsam über ihren schon sehr dicken Bauch. Sie war bereits, wie ich erst später erfuhr, im siebten Monat schwanger.

Unser Haus, das wir verlassen sollten, befand sich in Diespeck, in der Stübacherstraße 4. Es war ein Gemeindehaus mit angebauter Schafscheune. In dem Haus lebten drei Familien.

Im Erdgeschoss wohnten wir mit sieben Personen – fünf Kinder, Papa und Mama – in zwei Zimmern. Im Flur daneben, auch in zwei Zimmern, lebte Familie Link, mit einem Kind namens Roland. Im ersten Stock wohnte die Familie Huber, mit vier Kindern.

Mein ältester Bruder Günter wurde 1943 geboren und befand sich bereits in einer Bäckerlehre in Langenzenn. Gerhard wurde 1945 geboren. Hermann folgte 1947, starb jedoch vierzehn Tage später. Albrecht, 1949 geboren, sollte auch mit im Hausflur stehen, doch unsere Nachbarn, Familie Lohmann, hatten sich bereit erklärt, ihn bei sich aufzunehmen. Albrecht war fast immer bei ihnen, half auf dem Bauernhof mit und hütete mit Herrn Lohmann die Schafe. Günter und Gerhard waren beide bereits berufstätig und aus dem Haus. Dieser 20. Januar damals war Albrechts Geburtstag. Uns hatte man erzählt, dass wir für ein paar Wochen in ein Heim müssten. Weshalb wir weggehen sollten, wurde nicht gesagt.

Das Haus, das wir verließen, war alt, der Außenputz bröckelte ab, die Dachrinne fehlte und das Dach war an vielen Stellen undicht. Das Haus stand circa drei Meter von der Straße entfernt, zwei Steinstufen führten zur Haustüre hinauf. Direkt vor dem Haus war nur festgetretene Erde, sodass bei Regenwetter viel Dreck ins Haus getragen wurde. Die Haustüre war aus Holz und schloss auch nicht mehr dicht ab. Die braune

Farbe löste sich bereits und unten herum war das Holz schon richtig morsch, es sah wie abgefressen aus.

In unserer Wohnung gab es nur einen Ofen. Er stand in der Küche, die zugleich auch Wohnraum und Arbeitszimmer für unseren Vater war. Es war alles sehr beengt, der Raum nicht größer als zehn Quadratmeter. Das Zimmer daneben hatte ungefähr zwölf Quadratmeter, es standen drei Betten darin und es stapelten sich Stoffballen, Stoffreste und Kleider in einer Ecke.

Der Fußboden bestand aus braunen Brettern, die in den Ecken von Mäusen zerfressen waren. Unser Vater stopfte die Löcher mit Glasscherben zu, damit die Mäuse nicht durchschlüpfen konnten, aber sie schafften es dennoch immer wieder. Da direkt am Haus die Schafscheune angebaut war und die vielen Schafe darin eine angenehme Wärme erzeugten, fühlten sich auch die Mäuse sehr wohl. Das war auch für uns von Vorteil, denn die Wärme, die die Schafe erzeugten, ließ die Wand zu unserem Schlafraum nicht so kalt werden.

Die Küche und das Schlafzimmer hatten je ein weiß gestrichenes, zweiflügeliges Fenster, das nach hinten auf die Wiesen hinausging. Im Sommer konnte man kaum hinter das Haus gehen, denn da war alles von Brennnesseln und anderen wild wachsenden Kräutern und Pflanzen überwuchert.

Ein-, zweimal im Jahr gab es Hochwasser. Dann stand das Wasser oft nur eine Handbreit unter dem Fensterbrett. Wir hatten immer große Angst, dass das Wasser einmal ins Zimmer laufen würde.

Unser Hauseingang lag durch die zwei Eingangsstufen etwas höher als die Straße, deshalb wurden wir auch vom Hochwasser verschont, ins Haus ist es nie gelaufen. Bei unseren Nachbarn, im Haus gegenüber, war Hochwasser immer schlimm. Familie Beuerlein waren alte Leute, beide um die achtzig Jahre alt. Sie hatten immer fünf bis sechs Ziegen im Stall, der hinter dem Haus angebaut war, stehen. Die Ziegen versorgten sie mit Milch und Fleisch. Das Gras für die Ziegen holte Herr Beuerlein jeden Tag frisch. Da er keine eigene Wiese besaß, mähte er die Straßengräben in Richtung Bruckenmühle ab.

Die Genehmigung dafür musste er vom Bürgermeister einholen. Es gab zu der Zeit viele Nutztierbesitzer, die keine eigenen Wiesen besaßen und daher auf die Gräben als Futterlieferanten angewiesen waren. Jeder brauchte dafür jedoch eine Erlaubnis.

Das Haus der Familie Beuerlein lag zwei Stufen unter dem Straßenniveau, sodass bei jedem Hochwasser das Erdgeschoss komplett unter Wasser stand. Seine Ziegen brachte er dann in der Scheune der Lohmanns in Sicherheit.

Der Eisenbahndamm, der etwa zwanzig Meter an unseren Häusern vorbeiführte, ließ das Hochwasser nur langsam abfließen, er wirkte wie ein Damm. Es war die Zugstrecke, Neustadt–Höchstadt/Aisch, die in der Hauptsache Schüler und Arbeitnehmer beförderte. Der Zug fuhr jedoch nur ein paarmal am Tag vorbei.

Jeden zweiten oder dritten Tag holte ich Herrn Beuerlein ein Päckchen Schnupftabak oder zwei Zigarren aus dem Geschäft unserer Oma. Er konnte nicht mehr gut laufen, ging stark nach vorne gebeugt und brauchte einen Stock. Er lobte mich jedes Mal mit dem gleichen Spruch: „Danke dir, Schneiderla, du bist halt ein richtiger Europäer!", und lachte verschmitzt dazu. Verstanden beziehungsweise begriffen, was er damit ausdrücken wollte, habe ich nicht.
Herr Beuerlein, hatte ein faltiges und freundliches Gesicht mit wachen Augen und einen dicken, vom Schnupftabak dunkelbraun gefärbten Schnurrbart, dessen Spitzen er mit drei Fingern immer nach oben zwirbelte. Er hatte zwar zwei Töchter, doch sie hatten keine Zeit, sich um ihn zu kümmern.
Zum Fingernägelschneiden kam er zu unserem Vater herüber. Mein Vater meinte nur: „Kein Problem, setz dich her!", und holte seine kleine Schneiderschere. Ruck, zuck waren die langen

Nägel geschnitten. Herr Beuerlein sagte dann: „Danke, Schneider!", und schlürfte wieder heim.

Ich fand die Aktion immer ein bisschen eklig, er hatte gelblich graue, lange Nägel, die bei jedem Schnitt durch die Luft flogen.

Mein Vater meinte nur: „Seine dummen Weiber", seine Frau meinte er aber damit nicht. Frau Beuerlein war eine kleine Frau, immer schwarz gekleidet, mit dünnem grauem Haar. Sie ging leicht nach vorne gebeugt und konnte trotz Brille kaum noch Zeitung lesen. Er sprach von den Töchtern, Marie und Rettel. Beide waren etwa so alt wie unsere Mutter und ledig, hatten ihre eigene Wohnung und verdienten sich durch Putzarbeiten ihren Lebensunterhalt. „Sie sollten ihm nur die Fingernägel schneiden, aber das können sie auch nicht und außerdem sind Fingernägel nicht giftig!" Vater war ein sehr gutmütiger Mensch und konnte niemandem einen Gefallen abschlagen.

Als ich einmal von der Schule nach Hause kam, saß mein Vater an seiner Nähmaschine und auf einem Stuhl neben ihm ein Zeuge Jehovas. Er lass ihm drei Stunden lang aus irgendwelchen Schriften vor.

Als er ging, fragte ich meinen Vater: „Was hat er dir erzählt, dass du so lange zugehört hast?"

„Keine Ahnung, ich habe mein Hörgerät abgeschaltet und der saß da lange gut."

Ja, so war mein Vater. Er war schwerhörig und hatte sein Hörgerät meistens abgeschaltet, denn die Batterie hielt nicht sehr lange. Das Gerät erzeugte, sobald die Batterie sehr schwach wurde, einen unangenehmen, laut pfeifenden Ton.

Am Sonntag zog man sich immer schön an – eine Werktagshose für Sonntag, das ging gar nicht. Meine Sonntagshose hatte ich aber schon die ganze Woche angehabt und sie sah deswegen auch entsprechend schmutzig aus. Mein Vater meinte nur: „Komm her, Walter, das haben wir gleich." Er diskutierte nicht lange herum, nahm sein Maßband und vermaß mich. Er nähte die halbe Nacht und am nächsten Morgen hatte ich eine neue Hose. Der Sonntag war gerettet.

Die zwei Zimmer, die wir bewohnten, waren sehr kalt. Im Winter waren die Fensterscheiben meistens zugefroren, es bildeten sich Eisblumen darauf, die ich gern betrachtete. An den Innenwänden des Schlafzimmers entstand durch die Feuchtigkeit Reif, der samtig glänzte und eine unangenehme Kälte abstrahlte. Die Bettdecken waren feucht und kalt, man spürte keine Wärme.
Wir schliefen zu zweit und zu dritt in einem Bett. Wenn es sehr kalt war, legte unser Vater uns einen heißen Ziegelstein, den er im Backofen erwärmte und mit einem Tuch umwickelte, an die Füße unter die Bettdecke. Wir schliefen im Winter

immer mit Strümpfen und einem Pullover. Mit dem heißen Stein wurden die Füße schnell warm. Das war sehr wohltuend.

Im Haus gab es kein fließendes Wasser. Jeder Tropfen Wasser musste vom Dorfbrunnen oder aus der Quelle geholt werden. Warmes Wasser erzeugten wir mit einem Behälter, der in den Ofen eingebaut war. Er wurde mit Wasser befüllt und wenn der Ofen beheizt wurde, dann erhitzte sich auch das Wasser.

Zur Toilette mussten wir ums Haus gehen. Dort befand sich ein alter Holzverschlag mit Herzchen in der Tür. Durch die Bretter pfiff im Winter ein eiskalter Wind. Im Sommer hingen die Bretterwände voller Spinnweben mit dicken Spinnen darin. Zur Reinigung des Hinterns waren ein paar Fetzen Zeitungspapier an einem Nagel an der Bretterwand befestigt.

Platz zum Spielen gab es in der kleinen Wohnung nicht. Ich ging fast immer zu Schulkameraden, bei vielen durfte ich jedoch nicht in die Wohnung. Unsere ärmlichen Lebensumstände war im ganzen Dorf bekannt. Viele Eltern wollten nicht, dass ich mit ihrem Sohn zusammen war. Meine Hausaufgaben machte ich oft bei Andreas, einem Schulfreund. Seine Eltern hatten einen Bauernhof und in ihrem Kuhstall stand ein Tisch mit zwei Stühlen. Dort war es immer angenehm warm, fast schon gemütlich. Andreas war ein kluger und ruhiger Schüler. Wenn seine Eltern schlachteten, brachte er dem Lehrer ein Schlachtpaket in die Schule mit. Das war damals so üblich. Wir hatten viele Bauernkinder in der Klasse. Die Verpflegung der Lehrkräfte war gesichert. Natürlich bekam auch der Herr Pfarrer seine „Pfarrspeise".

Brigitte und Vroni, mussten sich mittags immer mit unserer Mutter zu einem Mittagsschlaf hinlegen. Vroni jedoch wollte, dass ich mich so lange zu ihr lege, bis sie eingeschlafen war. Das dauerte oft sehr lange. Jedes Mal, wenn ich dachte, jetzt schliefe sie, und aufstehen wollte, fing sie an zu weinen. Sie hat mich richtig genervt. Erst wenn sie schlief, konnte ich mich davonschleichen. Wenn sie nicht schlief, musste ich sie mitnehmen. Sie war mir immer ein Klotz am Bein.

Eines Tages war ich mit einigen Jungs beim Fußball spielen im Käswasen und Vroni war natürlich auch dabei. Ich setzte sie am Anfang des Käswasen an einer Ecke, wo etwas Sand lag, ab. Sie hatte ein Paar Kunststoffförmchen und eine kleine Schaufel dabei und spielte. Wir kickten unter den Apfelbäumen und hatten dabei alles um uns herum vergessen.

Karlheinz kam plötzlich sehr aufgeregt zu uns gelaufen und fragte: „Wer war denn das, der eben dort über den Hügel gegangen ist und ein Kind bei sich hatte? Habt ihr denn nichts gesehen?"

„Nein, wir haben nichts gesehen!", sagten wir kopfschüttelnd fast gleichzeitig. Mein Blick ging sofort zu der Sandecke, in der ich Vroni abgesetzt hatte – sie war nirgendwo zu sehen. Ein riesiger Schreck fuhr mir in die Glieder und mir wurde flau im Magen.

Karlheinz hatte die Situation gleich erkannt, er lief so schnell er konnte zu den Blümleins, einer Bauernfamilie gleich an der Kreuzung zum Käswasen. Die hatten ein Telefon und er rief sofort die Polizei in Neustadt an.

Dann rannten ein paar junge Männer in die Richtung, in die der Mann mit Vroni gelaufen war. Es war ein kleiner Hügel mit ein paar Fichten darauf. Meine Knie fingen an zu zittern und ich bekam mächtige Angst.

Die Polizei war nach ein paar Minuten mit Blaulicht da. Sie fragten kurz: „Was ist los? Wer wurde entführt?"

„Meine Schwester ist weg!", sagte ich und zeigte in die Richtung, in die die jungen Männer gelaufen waren, die dem Entführer gefolgt waren. Sie hatten noch sehen können, wie er in einen weißen VW-Käfer eingestiegen und mit Vollgas in Richtung Höchstadt davongefahren war.

Die Polizisten gaben noch einen Funkspruch ab und fuhren dann mit Sirenengeheul und Vollgas los. Kurz vor der Autobahnauffahrt nach Höchstadt konnte die Polizei den Entführer stoppen und verhaften. Gott sei Dank! Die Polizei brachte Vroni unversehrt zu unserer Mutter zurück.

Einer der Polizisten drehte sich zu mir, sah mich an, hob den Finger und sagte: „Das nächste Mal passt du besser auf deine Schwester auf. Da haben wir noch mal richtig Glück gehabt, hast du mich verstanden?"

Mir fiel ein großer Stein vom Herzen. Die vierjährige Vroni überstand das Ganze unbeschadet. Nur die Tafel Schokolade, mit der sie der Entführer zum Mitgehen gelockt hatte, vergaß sie, aus dem Auto mitzunehmen.

In einem Dorf wie dem unseren konnte man nichts geheim halten. Es sprach sich schnell herum, was geschehen war, und jeder Erwachsene, der mich sah, beschimpfte mich. „Wie kannst du nur …?" und „Hättest du nur …!"

Mein Vater wollte immer Quellwasser haben, das schmeckte ihm am besten. Es gab eine kleine Quelle mit kristallklarem Wasser. Auch wuchs dort der beste Beifuß für den Sonntagsbraten, den es leider nur zu selten gab. Bei unserem Metzger im Ort holte ich dann ein Pfund „Büntle". Das war ein Stück Schweinefleisch mit Rippenknochen, das für sieben Personen reichen sollte. Fleisch war rar, wir mussten eben mehr Nudeln essen.

Der Weg zur Quelle führte direkt am Ziegenstall unseres Nachbarn vorbei. Einmal, als ich wieder Wasser holen sollte, stand die Stalltüre offen. Ein

Ziegenbock war nicht angebunden und starrte mich an. Plötzlich senkte er den Kopf und lief im Galopp auf mich zu.

Ich ließ vor Schreck den Eimer fallen und lief so schnell ich nur konnte zurück ins Haus. Die zwei Eingangsstufen nahm ich auf einmal, öffnete die Küchentüre und schlug sie kräftig hinter mir zu.

Im selben Augenblick gab es einen lauten Schlag gegen die Tür. Mein Vater zuckte erschreckt zusammen und fuhr mich an: „Kannst du die Tür nicht leiser zumachen?"

„Das war ich nicht, der gegen die Türe geschlagen hat, das war dem Beuerlein sein Ziegenbock, der ist hinter mir hergerannt!"

„Ach, der und seine blöden Ziegen", sagte mein Vater und nähte weiter an einer Hose.

Herr Beuerlein hatte das Ganze scheinbar auch mitbekommen, denn er war sofort da, fasste den Ziegenbock an dem um seinen Hals hängenden Strick und holte ihn wieder ab. Der Ziegenbock ließ sich ohne Gegenwehr abführen.

Unser Vater war von Beruf Schneidermeister und beschäftigte zwei Gesellen. Seine Werkstatt war im Schulgebäude in Diespeck untergebracht. Uns hätte es eigentlich gut gehen müssen, da es damals noch keine Kleider von der Stange gab. Er hatte viele Aufträge, denn er war ein gefragter Schneider, seine Kundschaft kam aus dem ganzen Landkreis.

Leider war unsere Mutter nicht in der Lage, mit Geld umzugehen und die Familie zu versorgen. Das Geld, das Vater verdiente, gab sie für häufige Friseurbesuche, Hautpflegemittel, Schminke, neue Kleider und stetes Ausgehen zu Tanzveranstaltungen aus. Sie war eine hübsche Frau, hatte eine mollige Figur, war etwa 1,60 Meter groß und trug dauergewellte, rotbraune, halblange Haare. Bevor sie ausging, musste ich ihr öfter das Korsett so fest ich konnte zuschnüren.

Irgendwann war es meinem Vater nicht mehr möglich, seine Gesellen zu bezahlen, und er musste ihnen kündigen. Die Miete geriet in Rückstand, Lieferantenrechnungen wurden nicht bezahlt und schließlich mussten wir ausziehen und landeten im Gemeindehaus, in dessen Flur wir nun standen.

Rückblickend dachte ich, schlimmer könnte es wohl nicht mehr werden. Unsere Mutter kümmerte sich kaum noch um uns. Ihr Drang nach Freiheit und Vergnügen wurde immer stärker. Die Wohnung vergammelte und es gab nichts zu essen. Brigitte war zu dieser Zeit eineinhalb und Vroni fünfeinhalb Jahre alt.

Unser Vater konnte seine Schneiderei nicht mehr betreiben und ging in die Fabrik in Diespeck, um zu arbeiten. Das Geld reichte hinten und vorne nicht. Was er an Geld nach Hause brachte, war schnell weg. Wenn Papa zur Nachtschicht ging, ging auch Mama aus dem Haus und kam oft erst

20

spät in der Nacht wieder zurück. Sie war in den örtlichen Gasthäusern bestens bekannt. Anstatt sich aushalten zu lassen, gab sie, wie erzählt wurde, den Männern ein Glas Bier oder Sekt aus. Wenn unser Vater Spätschicht hatte, verschwand unsere Mutter auch bereits am frühen Abend. Dann war es an mir, Brigitte und Vroni ins Bett zu bringen. Sie machte sich keine Gedanken, ob etwas zu essen im Haus war. Sie sagte nur: „Ich gehe jetzt, kümmere dich um die beiden!", und war weg.

Zu essen war nie genügend im Haus, sehr häufig ging ich zu unserer Nachbarin, Frau Lohmann, und bat sie um etwas Milch, die ich dann für Brigitte in eine Flasche abfüllte. Vroni und ich teilten uns das restliche Brot, das noch da war.

Oft kam unsere Mutter erst früh morgens nach Hause. Da die Haustüre verschlossen war und es nur einen Schlüssel gab, den unser Vater dabeihatte, musste sie zur Hausrückseite, um durch das Fenster ins Schlafzimmer hineinzuklettern. Da es hinter dem Haus oft sehr schmutzig war, sahen ihre Schuhe und Kleider entsprechend aus.

Vater lag dann regungslos in seinem Bett und tat so, als bemerke er nichts. Er machte keine Szene und schlief weiter.

Sie schlüpfte zu mir ins Bett. Der unangenehme Geruch von Alkohol und Nikotin lag mir tagelang in der Nase.

Da sie dann meistens bis Mittag schlief, weckte ich meinen Bruder Albrecht, damit wir nicht zu spät zur Schule kamen. Ohne Frühstück und Pausenbrot machten wir uns auf den Weg.

Vor Unterrichtsbeginn kontrollierte der Lehrer die Hände und die Fingernägel, das war so üblich. Alle Kinder streckten die Hände nach vorne. Albrecht und ich mussten fast immer zur Toilette, um am Waschbecken mit einer Nagelbürste unsere Hände und die Fingernägel sauber zu schrubben.

Albrecht ging nach der Schule zu den Lohmanns, wo er immer etwas zu Essen bekam. Mir drückte meine Mutter öfter einen Sack in die Hand und sagte: „Wenn du Brennmaterial holst, kann ich dir auch eine Suppe kochen."

Der Wald war etwa einen Kilometer entfernt. Ich lief los, um dürre Zweige und Purzelkühe (so nannten wir Fichten- und Tannenzapfen) zu sammeln. Es dauerte meist eine Stunde, bis ich genügend Brennmaterial zusammenhatte. Die Wälder waren damals sehr leer gefegt, fast jeder Arbeiter ging in den Wald, um Brennmaterial zu holen. Es gab ja fast nur Ofenheizungen und Kohlen waren sehr teuer. Wir hatten zwar einen kleinen Holzschuppen, aber der war immer leer. Erst wenn gar nichts mehr zum Heizen da war, schickte mich mein Vater zu Helmreich, dem örtlichen Kohlenhändler, um ein oder zwei Bündel Holzscheide – klein gehacktes Holz, das zu runden kleinen Ballen zusammengebunden war – zu holen. Wenn

Heizmaterial da war, gab es Mittagessen, wenn nicht, dann gab es nichts.

Unsere neuen Nachbarn, ein Ehepaar aus Schlesien namens Leischwitz, waren kinderlos. Sie war eine kleine, dicke Frau, ihr Ehemann Karl ein schlanker, groß gewachsener Mann mit krummen Beinen und stets einer Pfeife im Mundwinkel. Beide bezogen eine kleine Rente. Frau Leischwitz fuhr jeden Morgen mit ihrem Fahrrad, das mit schweren Koffern bepackt war, in denen sich Bettwäsche, Tischwäsche und Unterwäsche der Firma Witt befand, los. Sie bereiste den ganzen Landkreis und kam erst am Abend wieder zurück. Ihr Mann Karl fuhr ebenfalls los und sammelte Holz. Sein Fahrrad war jeden Tag kunstvoll mit Holz und Reisig hoch beladen. Tag für Tag waren beide unterwegs und Karl hatte seinen Holzschuppen bis zum Winter prall gefüllt.
Eine Situation ist mir noch in Erinnerung: Als Frau Leischwitz mit ihrem Eimer aus der Quelle gegenüber Wasser holte, musste sie auf dem Rückweg wieder an den Gänsen der Lohmanns vorbei. Der Gänserich war sehr angriffslustig und rannte Frau Leischwitz hinterher. Mit dem vollen Wassereimer konnte sie nicht so schnell laufen, wie sie wollte. Der Gänserich holte sie ein und zwickte sie kräftig in die Wade. Er ließ nicht mehr los.
Frau Leischwitz schrie: „Karl! Karl! Hilfe, Hilfe!"

Karl stand in der Haustüre, nahm seine Pfeife aus dem Mund und rief ihr zu: „Nu mach schneller! Du musst noch schneller laufen, mach hin!" Dabei bewegte er sich keinen Meter, um ihr zu helfen.

Kurz vor der Haustüre ließ der Ganser mit lautem Geschrei von ihr ab und watschelte sichtlich zufrieden wieder zu seinen Gänsen zurück.

Es war ein sehr lustiges Erlebnis, ich konnte mein Lachen nicht mehr zurückhalten. Der blaue Fleck an der Wade von Frau Leischwitz war noch lange zu sehen und ihr Wasser holte sie in Zukunft vom Dorfbrunnen. Mit ihrem Karl schimpfte sie noch den ganzen Abend, was für ein Feigling er doch sei.

Bei uns in der Küche standen ein Buffet, ein Tisch, über dem eine einfache Lampe mit einer Glühbirne hing, zwei Stühle und eine kleine Bank für zwei Personen. Der Boden bestand aus geschliffenen Steinplatten, die sich sehr kalt anfühlten. Der Raum war klein und beengt. Die weiße Kalkfarbe an der Wand färbte ab, sobald man dagegenkam. Für sieben Personen war die Wohnung viel zu klein.

Die Ehe unserer Eltern lief immer schlechter. Ich bemerkte es, da sie nicht mehr miteinander sprachen. Sie gingen sich aus dem Weg. Vater war kaum noch zu Hause. Er arbeitete viel und wenn er da war, saß er an der Nähmaschine und änderte Hosen und Röcke. Er nahm noch Aufträge von ehemaligen Stammkunden an, um zusätzlich etwas Geld zu verdienen, und arbeitete oft bis tief in die Nacht.

Da ich häufig auf der Bank in der Küche schlief, bekam ich das immer mit. Das leise, monotone Rattern der Nähnadel, das dämmrige Kerzenlicht. Strom war oft nicht da, denn neben dem Zählerkasten hing ein Münzapparat und nur wenn Geld eingeworfen wurde, bekam man Strom. Wenn kein Geld da war, blieb es eben dunkel und wir zündeten Kerzen an. Mein Vater stellte oft Spiegel um die Kerze, um mehr Licht zu erzeugen.

Die geänderten Kleidungsstücke musste ich zu den Kunden bringen. Mein Vater sagte mir, was die Änderung kostete, eine Rechnung wurde nie geschrieben. Es waren zwei fünfzig, drei oder fünf Mark. Manchmal verlangte ich auch fünfundzwanzig oder dreißig Pfennig mehr. Davon kaufte ich mir dann ein paar Süßigkeiten oder eine Semmel, denn Hunger hatte ich immer. Die Kunden beschwerten sich nie, nein, sie lobten ihn und sagten oft zu mir: „Bestell deinem Vater, dass ich sehr zufrieden bin!"

Die Arbeit meines Vaters war immer perfekt. Stolz zeigte er mir, wie man eine akkurate Bügelfalte hinbekam. Damals waren Faltenröcke in Mode, viele Frauen konnten sie jedoch nicht bügeln und brachten deshalb ihre Röcke zu meinem Vater.

Auch die Hosen der Herren hatten eine perfekt sitzende Bügelfalte. Die Hosenbeine mussten erst richtig ausgebreitet werden, wobei man darauf achten musste, dass das Innenfutter ohne Falten lag – alle guten Hosen wurden damals mit einem Innenfutter aus Seide ausgekleidet. Eine Falte im Innenfutter hätte man beim Bügeln auf dem Hosenstoff gesehen. Er nahm die breite Schneiderbürste und klopfte den Stoff etwas an. Dann legte er ein feuchtes Baumwolltuch auf die Falte und setzte darauf sein auf dem Herd erhitztes Bügeleisen. So bügelte er Hosenbein um Hosenbein, dann sagte er zu mir: „Siehste, Kleiner? So muss das aussehen und Vorsicht, dass du dich nicht an der Falte schneidest!" Er hob die Hose hoch und lachte dabei. Er war mit seiner Arbeit zufrieden.

1954 – das genaue Datum ist mir nicht bekannt – wurde unserem Vater das linke Bein amputiert. Er hatte eine Knochenkrankheit und es gab keine andere Möglichkeit, seine Gesundheit zu erhalten. Eine Beinprothese wurde für ihn angefertigt, ein komplettes und sehr schweres Bein aus Holz mit Kniegelenk, mit dem er ganz gut laufen konnte. Wenn er sich morgens das Holzbein anzog, musste er vorher einen Perlonstrumpf über seinen Beinstumpf ziehen. An der Außenseite des Holzbeines war ein Loch, durch das der Strumpf gesteckt wurde, und mit viel Kraft zog er seinen Beinstumpf in den Hohlraum des Holzbeines, bis der Perlonstrumpf komplett herausgezogen war und der Beinstumpf fest eingepresst saß.

Mit einer großen Handschraube wurde das Loch dann luftdicht verschlossen. Ein Schultergurt gab dem Bein zusätzlichen Halt. Er kam mit der Prothese gut zurecht. Er konnte sogar Fahrrad damit fahren. Mit einer Schlaufe über dem Pedal fixierte er den Fuß so, dass er nicht abrutschen konnte.

An einem Sonntag nach dem Mittagessen suchte ich nach meinem Vater. Er war nicht zu Hause und lag nicht im Schatten des Lindenbaums, wo er sonst immer an schönen, warmen Sommertagen sein Mittagsschläfchen zu halten pflegte. Es war eine schattige Lindenbaumallee, die rechts und links die Straße zwischen der Eisenbahnlinie und der Brücke, die über die Aisch führte, säumte. Ein paar Nachbarn mit ihren Kindern hatten bereits ihre Decken unter den Bäumen ausgebreitet und sich entspannt niedergelegt. Keiner von ihnen hatte meinen Vater gesehen. Ich lief zur Hauptstraße vor, da kam mir Frau Lohmann entgegen. Ich fragte sie: „Haben sie meinen Vater gesehen?"

„Ja, ist aber schon länger her. Ich glaube, er ist mit dem Fahrrad in Richtung Käswasen gefahren", sagte sie und deutete dabei in die entsprechende Richtung.

Auf dem Käswasen wurde jedes Jahr im Mai ein sehr schönes Frühlingsfest gefeiert. Die große Streuobstwiese war der ideale Platz dafür. Die Apfelbäume spendeten am Tag viel Schatten, was für die Besucher sehr angenehm war. Eine Blaskapelle sorgte für Unterhaltung und auf einem großen Holzpodest wurde bis in den Morgen getanzt und gefeiert. Der Bierbrauer Müller aus dem Ort kam mit einem Holzsprossenwagen, den zwei sehr schöne Pferde zogen. Viele Holzfässer mit Bier, die mit Stangeneis gekühlt wurden, lagen darauf. Das ganze Dorf war dabei und feierte unter den bunten Lichtergirlanden.

Der Weg dahin war mir bekannt. Ich fragte Frau Lohmann, ob sie mir ein Fahrrad leihen könnte, und sie sagte: „Schau mal, dort in der Scheune müsste eins stehen!"

Ich entdeckte das Herrenrad von Karlheinz, ihrem Sohn, und schob es aus der Scheune heraus.

Als sie es sah, nickte sie. „Ist gut, das kannst du nehmen."

Ich stieg auf und fuhr los. Sie lachte mir zu und meinte: „Fall nicht runter!"

Es sah schon blöd aus, wie ich fuhr, denn meine Beine waren zu kurz, um über die Querstange zu reichen. So fuhr ich, die Füße unter der Querstange hindurch, los, um meinen Vater zu suchen. Es ging am großen Fischweiher vorbei, in dem wir im Sommer oft badeten und dabei mit vielen Blutegel behangen waren. Die Viecher saugten sich an der Haut richtig fest und waren nur schwer wieder abzubekommen.

Von meinem Vater war weit und breit nichts zu sehen. Der Feldweg ging noch etwa sechshundert Meter geradeaus, bis zum Waldrand. Er kann nur in den Wald gefahren sein, dachte ich und fuhr weiter.

Als ich einige Meter in den Wald hineingefahren war, sah ich sein Fahrrad an einem Baum lehnen. Aufgeregt ließ ich mein Fahrrad ins Gebüsch fallen und lief auf sein Fahrrad zu. Ein paar Meter weiter sah ich meinen Vater am Boden sitzen. Er lehnte an einem Baum, sein Kopf war gesenkt und sein Blick schien ins Leere zu gehen. Hinter seinem Rücken schaute das Ende eines Strickes hervor.

„Was machst du hier?", fragte ich ihn.

„Fahr wieder heim und lass mich noch ein bisschen hier sitzen. Ich muss nachdenken", erwiderte er.

„Worüber denn? Bitte komm wieder mit heim!", flehte ich ihn an.

„Ich kann nicht mehr und ich habe auch keine Kraft mehr", sprach er mit leiser Stimme.

„Ich gehe aber ohne dich nicht heim!", beharrte ich halblaut und suchte dabei nach seiner Hand.

„Was sollen wir denn ohne dich machen?" Ich spürte schon, dass er unter dem Fehlverhalten unserer Mutter sehr litt.

Das ganze Dorf wusste darüber Bescheid, dass sie ihn ständig mit anderen Männern betrog. Er rackerte sich ab, damit Geld ins Haus kam, und trotzdem mussten wir hungern. Unser Vater war ein ruhiger und sehr in sich gekehrter Mann. Ich hörte ihn nie schreien oder herumtoben. Er wurde nie gewalttätig, weder uns Kindern noch unserer Mutter gegenüber. Er hatte alles in sich so lange aufstauen lassen, bis es zu viel wurde.

Es gab auch keine Zärtlichkeiten oder Liebe, ich wurde nie in den Arm genommen, nie gelobt. Ich hatte eher das Gefühl, dass ich nur eine Last war, dass es besser gewesen wäre, gar nicht geboren worden zu sein. Eigentlich funktionierte ich einfach nur und versuchte dabei, die Erwartungen, die in mich gesetzt wurden, zu erfüllen.

Mein Vater und ich saßen so noch einige Zeit still nebeneinander. Schließlich sagte er: „Lass uns heimgehen." Wir standen auf, nahmen unsere Fahrräder und fuhren schweigend nach Hause.

Erst ein paar Monate später erzählte er mir, dass er sich das Leben hatte nehmen wollen und wenn ich nicht gekommen wäre, dann hätte er es auch getan. Das machte mir große Angst und ich dachte immer daran, dass er es eines Tages wirklich tun könnte. Über dieses Ereignis sprachen wir aber nie mehr ein Wort.

Im Frühjahr 1958 brach ich mir, als ich von einer Schaukel fiel, den linken Ellenbogen. Es war im Garten eines Schulfreundes. Die Schaukel hing an einem großen Ast und schwang weit aus. Ich schaukelte hoch und rutschte plötzlich von dem vom Morgentau noch feuchten Sitzbrett ab und landete genau mit dem linken Ellenbogen auf der dicken Wurzel des Baumes, die aus der Erde herausragte. Ein stechender Schmerz ließ mich aufschreien. Mit schmerzverzerrtem Gesicht stand ich auf, mein Arm hing nach unten und tat höllisch weh.

Mein Freund sah mich an und meinte: „Was machen wir jetzt?"

„Ich gehe nach Hause und zeige es meiner Mutter", sagte ich und biss mir dabei vor Schmerzen auf die Unterlippe. Mit der rechten Hand hielt ich meinen gebrochenen Arm fest und lief nach Hause.

Ein Nachbar fuhr mich und meine Mutter nach Neustadt ins Krankenhaus. Der Arm wurde dort gleich eingegipst und ich musste zwei Wochen im Krankenhaus bleiben.

Als der Gips abgenommen wurde, war der Ellenbogen steif, ich konnte ihn nicht mehr bewegen. Das gibt sich, meinte ein Arzt, das sei normal, wenn ein Gelenk längere Zeit nicht bewegt würde. Einige Wochen vergingen und es stellte sich keine Besserung ein. Ein weiterer Arztbesuch und eine Röntgenaufnahme bestätigten den Verdacht, dass der Ellenbogen falsch zusammengewachsen war. Der untersuchende Arzt sagte, der Ellenbogen hätte vorher operativ gerichtet werden müssen. Gegen die Steifheit des Gelenkes könne er nichts machen. Der Ellenbogen könne nur in einer Spezialklinik wieder gerichtet werden. Er würde sich mit der Klinik in Altdorf in Verbindung setzen und uns Bescheid geben.

Ein paar Monate später bekam ich einen Termin. Mein Vater fuhr mit mir nach Altdorf, in die besagte Spezialklinik für Wirbelsäulen und Gelenkprobleme. Es war Anfang Dezember und wir fuhren ab Neustadt mit dem Zug. In eisiger Kälte warteten wir sehr lange am Bahnhof – jedenfalls schien es mir so –, bis der Zug kam. Meine Ohren, Hände und Füße waren eiskalt.

An der Klinik angekommen sah ich ein großes Gebäude vor mir mit vielen Fenstern und einer großen Eingangstüre. Wir traten ein und an der Anmeldung nahm mich auch gleich eine Schwester an der Hand. Sie brachte mich ins Badezimmer und ich wurde erst einmal gründlich gebadet und in ein weißes Nachthemd gesteckt. Meinen Vater sah ich an diesem Tag nicht mehr, er durfte nicht auf die Kinderstation.

Alle Zimmer der Station waren belegt, deshalb musste ich mit einigen anderen Patienten auf dem Flur liegen. Wände und Türen waren weiß gestrichen. Der Flur war sehr laut, jede Stimme, jedes Geräusch hallte durch die Gänge. Ich fühlte mich plötzlich sehr verlassen und einsam.

Es war gerade Mittagszeit, das Essen wurde verteilt. Es gab Fleischküchle mit Kartoffelsalat. Das duftete wunderbar und ich freute mich schon sehr auf das Essen, denn ich hatte richtig Hunger. Gerade als ich den ersten Bissen nehmen wollte, schoben zwei Krankenpfleger jedoch ein Bett mit einem Patienten durch den Flur, direkt an mir vorbei. Der Mann war am ganzen Oberkörper eingegipst und schrie vor Schmerzen. Das schockierte mich so, dass ich keinen Bissen mehr essen konnte, mir war richtig übel.

Den ganzen Tag hörte man aus irgendeiner Ecke des Flures oder aus einem Zimmer ein Jammern oder ein leises Wimmern. Aus dem Garten im Innenhof der Klinik vernahm ich schmerzvolle Laute von Patienten, die in einem Streckkorsett an einem Eisengestell dort unten hingen. Damals war ich acht Jahre alt. Ich hatte große Angst vor dem, was ich da hörte, und vor dem, was mit meinem Arm passieren würde. Im Großen und Ganzen fühlte ich mich allerdings gut, bekam gutes Essen, musste nicht frieren und hatte immer Unterhaltung.

Die Operation verlief gut. Der Gips wurde nach etwa drei Wochen abgenommen. Die Beweglichkeit meines Ellenbogens war schon viel besser geworden. Ich hatte auch keine großen Schmerzen. Der Arzt sagte zu meinem Vater, als er mich abholen kam, ich müsse jeden Tag in einer Schüssel gefüllt mit warmem Wasser meinen Arm strecken und beugen, damit das Gelenk wieder beweglich würde. Er gab mir die Hand und wünschte mir gute Besserung und ein frohes Weihnachtsfest.

Es war der 23. Dezember, als mich mein Vater mit dem Moped in Altdorf abholte. Wir fuhren sehr lange durch die Nacht. Ich klammerte mich fest an seinem Rücken. Die Luft war nass und kalt. Es dauerte über zwei Stunden, bis wir zu Hause waren. Ich fror am ganzen Körper.

Weihnachten war für mich kein besonderes Fest, denn ich wusste, dass es kaum Geschenke für mich geben würde. Trotzdem freuten wir Kinder uns auf das Fest. Wir warteten im Schlafzimmer, bis der Baum geschmückt war. Unsere Mutter klingelte mit einem Glöckchen. Dann durften wir in die Küche kommen.

Sehr gespannt traten wir ein. In der Ecke hing ein kleiner Christbaum. Einen Baum im Raum aufzustellen war nicht möglich, denn dafür war das Zimmer viel zu klein. Die Zweige reichten halb über den Esstisch, er war mit Lametta und ein paar roten Kugeln geschmückt. Ein paar weiße Kerzen brannten darauf. Jedes Kind bekam ein kleines Geschenk. Ich freute mich über einen Blechmotorradfahrer, der an der Seite mit einem Schlüssel aufgezogen wurde und dann im Kreis fuhr. Vroni bekam eine kleine Puppe. Brigitte war noch zu klein, sie bekam nichts.

Weihnachten mit der ganzen Familie oder bei einem festlichen Essen zusammenzusitzen, so etwas kannten wir nicht. Unser Wohnzimmer war der Küchenraum. Es gab weder ein Sofa noch einen Sessel, auf dem man es sich richtig gemütlich hätte machen können. Es war auch nie richtig warm. Da der Ofen nachts ausging, war es in der Frühe sehr kalt im Zimmer. Die Wände und der Fußboden strahlten stets Kälte ab, unsere Füße waren immer kalt. Ich war auch viel krank, hatte häufig starken Husten, war erkältet und hatte Fieber. Vaters Hausmittel bei Erkältung war ein Zwiebeltee. Er kochte eine Zwiebel aus und füllte den Sud mit viel Honig in eine Tasse. Das musste ich dann trinken. Es schmeckte nicht sehr gut, aber es half.

Nicht einmal einen Schlitten besaßen wir. Wenn ich Schlittenfahren wollte, ging ich zu Frau Lohmann und fragte sie, ob ich mir den Schlitten von Karlheinz leihen dürfte. Sie erlaubte es mir immer. Es war ein Eisenschlitten für eine Person. Er hatte ein kleines Sitzbrett und ließ sich sehr schwer ziehen. Bis zum Schlittenberg, dem Hannaberg, war es ganz schön weit und ich war schon halb erfroren, bevor ich dort ankam. Aber er hatte eine schöne Steigung und eine lange Abfahrt. Mit meinen Gummistiefeln an den Füßen hielt ich jedoch nie lange aus. Meine Füße waren sehr schnell eisig kalt und drohten zu erfrieren. Die Gummistiefel waren nicht gefüttert, sie wurden in der Kälte hart wie Stein. Warme Winterschuhe, Schal, Mütze oder Handschuhe besaß ich nicht. Wenn ich dann halb erfroren nach Hause kam, steckte ich meine kalten Füße in den Backofen, um sie aufzuwärmen. Dabei bitzelten die Füße so sehr, dass es richtig wehtat.

Der Alltag holte uns schnell wieder ein. Es begannen die Faschingsbälle und Kappenabende. Mutter ging wieder abends weg, ich musste auf Vroni und Brigitte aufpassen, sie versorgen, was nicht einfach war, da wie immer meistens nicht genug Essen im Haus war. Das Essen reichte nie für alle. Zwei oder drei Scheiben Brot und etwas Rama. Brigitte bekam öfter kalten Kaffee, den ich mit viel Dosenmilch, wenn noch welche da war, verdünnte und dann etwas Brot hineinbrockte. Zuerst versorgte ich Brigitte und Vroni. Was übrig blieb, aß ich. Noch im Bett kaute ich oft auf einer Brotrinde. Ich wollte so lange wie möglich die Rinde im Mund behalten, um den Geschmack zu spüren.
In dieser Nacht kam unsere Mutter auch wieder spät nach Hause. Vater hatte Nachtschicht und kam erst gegen halb sieben von der Arbeit zurück. Mutter weckte mich auf und schickte mich zu Vroni und Brigitte ins Bett. „Ich brauche das Bett für mich, ich habe noch einen Onkel dabei", flüsterte sie und ich schlüpfte im Halbschlaf zu meinen Schwestern ins Bett.
Als ich in der Frühe aufstand, lag meine Mutter wieder alleine im Bett. Ihr Bekannter, ein angebli-

cher Onkel, war wohl nachts wieder verschwunden. Sie wurde nicht wach. Vater weckte Vroni
und mich in der Frühe auf, damit wir nicht zu spät
zur Schule kamen. Albrecht übernachtete wieder
bei den Lohmanns, ich traf ihn erst in der Schule.
Als ich nach der Schule nach Hause kam, schlief
unser Vater noch, da er ja die ganze Nacht gearbeitet hatte. Meine Mutter drückte mir einen Einkaufszettel in die Hand und schickte mich ins
Dorf, um einzukaufen. Geld gab sie mir nicht mit,
sie sagte nur: „Sag deiner Oma, dass ich später
bezahle, sie soll anschreiben."
Das Kolonialwarengeschäft gehörte unserer
Oma. Sie war nicht unsere richtige Oma. Der Vater unseres Vaters hatte ein zweites Mal geheira-
tet, seine erste Frau war sehr früh verstorben. Unseren Opa kannten wir auch nicht. Er war im Krieg
gefallen. Es war also unsere Stiefoma, die das
Geschäft führte. Sie mochte uns nicht, was sie
mich auch an diesem Tag wieder einmal spüren
ließ. Als ich an der Reihe war, sah sie mich an
und sagte, nicht sehr freundlich: „Was willst du?"
Ich gab ihr den Einkaufszettel und sagte zu ihr:
„Du sollst es anschreiben. Meine Mutter hat gesagt, sie bezahlt später."
Oma sah kurz auf den Zettel, schüttelte den Kopf,
drückte mir dann den Einkaufszettel wieder in die
Hand und erwiderte mit strenger Mine: „Sag deiner Mutter, sie soll erst mal ihre alten Schulden

bezahlen. Es gibt nichts mehr!" Dabei drehte sie sich um und wandte sich der nächsten Kundin zu. Zwei Frauen, die neben mir im Laden standen, flüsterten sich zu: „Die armen Kinder!"

Ich fühlte mich gedemütigt und verließ traurig und mit gesenktem Kopf den Laden.

Mit leeren Händen kam ich wieder zu Hause an. Meine Mutter war sehr wütend auf unsere Oma und schimpfte mächtig über sie: „Diese alte Hexe! Was bildet die sich ein? Was glaubt die denn, wer sie ist?"

Oma hatte einen Sohn, er hieß Manfred, ein Nachzügler, den sie 1940 zur Welt gebracht hatte. Manfred war ein freundlicher und lustiger Bursche mit einer schlanken Figur, schwarzem Haar und auch nicht sehr groß gewachsen. Manfred und ich verstanden uns immer sehr gut. Wenn ich im Sommer zum Badeweiher ging, schaute ich vorher bei ihm vorbei und er gab mir stets einen aufgepumpten Schlauch von einem Autoreifen mit, denn damit war man der König auf dem Weiher. Am Abend brachte ich den Reifen wieder zurück, musste dabei aber sehr vorsichtig sein, denn Oma durfte mich nicht sehen. Sie schimpfte immer gleich und verjagte mich dann vom Hof.

Nun, da ich von unserer Oma keine Lebensmittel bekam und auch nichts mehr zu Essen im Haus war, schickte mich meine Mutter zu unserem Pfarrer, Herrn Reichmann.

Es war bereits finster geworden und ich machte mich auf den Weg. Der Herr Pfarrer wohnte gleich neben der Kirche, von uns etwa fünfhundert Meter entfernt, auf einem Hügel im Dorf. Der Kirchenvorplatz war mit großen Pflastersteinen ausgelegt, auf denen man vorsichtig laufen musste, denn der Steinbelag war uneben und die Straße hatte viele Löcher. Der Vorplatz zum Pfarrhaus wurde von einem schweren Eisentor geschützt, das zu meinem Glück an diesem Abend noch nicht verschlossen war. Zur Eingangstüre führten drei Stufen hoch. Ich war schon ein paarmal hier gewesen, immer dann, wenn ich nichts zum Anziehen hatte, um nach Kleidungsstücken zu fragen: nach einem Wintermantel, einer Hose oder nach einem Paar Schuhen.

Ich klingelte an der Türe. Es dauerte keine Minute, dann stand Pfarrer Reichmann vor mir. Die Eingangstüre zur Hälfte geöffnet sah er mich mit großen Augen an und sagte: „Grüß Gott, Walter, was führt dich denn so spät noch zu mir?"

Ich stand auf der spärlich beleuchteten Eingangsstufe und antwortete: „Meine Mutter schickt mich, ich soll fragen, ob Sie etwas Brot für uns haben."

Der Herr Pfarrer drehte den Kopf nach hinten, seine Hand hielt immer noch den Griff der Haustüre fest. Er rief nach seiner Frau Hilde, die auch gleich aus einem Zimmer kam und mich anschaute. Er sagte zu ihr: „Der Walter ist da und fragt, ob wir etwas Brot für ihn haben."

„Ich gehe nachsehen" sagte sie, nickte dabei mit dem Kopf und lief in die Küche.

Nach ein paar Minuten kam sie mit einem halben Laib Brot zurück und sagte: „Ich kann dir leider nicht mehr geben, da wir auch noch nicht zu Abend gegessen haben, aber für heute Abend wird es sicher reichen."

Die Pfarrersfamilie bestand aus vier Personen. Sie hatten zwei fast erwachsene Töchter, die aufs Gymnasium gingen. Seine Frau packte das Brot in ein Stück Papier und drückte es mir mit den Worten: „Lasst es euch gut schmecken", in die Hand und beide wünschten mir eine gute Nacht.

Mit dem Stück Brot unterm Arm ging ich zufrieden nach Hause, heute musste ich nicht hungrig ins Bett gehen.

Es waren wieder Sommerferien, im Jahr 1959. Jeden Morgen, sobald es hell wurde, stand ich auf und ging zur Getreideernte mit den Lohmanns aufs Feld. Ich kümmerte mich um die Kühe, die von lästigen Mückenschwärmen und Bremsen befallen wurden. Obwohl die Euter der Kühe mit einer übelst riechenden braunen Brühe eingepinselt waren, ließen die Mücken nicht von ihnen ab. Mit einem Strohwedel versuchte ich, die Mücken zu verjagen. Es war schon vorgekommen, dass ein Kuhgespann durch die Mückenplage panisch wurde und alles über den Haufen rannte, was ihm

40

im Wege stand. Dabei waren schon Tiere und Menschen zu Schaden gekommen.

Bei den Bauern, bei denen ich half, gab es immer genug zu essen und zu trinken, ich kam stets einigermaßen satt nach Hause.

Sehr oft ging ich zur Bruckenmühle, um bei der Kartoffelernte mitzuhelfen. Die Bruckenmüllers waren sehr nette Leute, ich ging immer gerne zu ihnen. Die Familie bestand aus zwei großen Söhnen, Hans und Peter, und ihrer Mutter. Ihr Vater war im Krieg gefallen. Zur Mühle gehörte noch ein Sägewerk und das frisch geschnittene Holz verbreitete einen angenehmen Geruch, den ich gerne einatmete.

Zum Neujahrwünschen (es war bei uns Brauch, dass die Dorfkinder am 1. Januar von Haus zu Haus gingen und den Bewohnern ein gesundes und glückliches Neues Jahr wüschten) musste ich immer zusehen, dass ich früh bei den Bruckenmüllers war, denn der Erste bekam fünf Mark, ein großes Stück selbst gebackenes Bauernbrot, dick mit Butter und Honig bestrichen, und dazu eine Tasse Kakao. Es schmeckte einfach köstlich.

Eines Nachmittags, als ich nach Hause kam, war ein mächtiges Geschrei vor dem Haus. Die Beuerleins Rettel, unsere Nachbarin, stand vor unserer Haustüre und schimpfte auf meine Mutter ein, die gerade dabei war, den Hausflur durchzuwischen. Plötzlich lief sie los, riss meiner Mutter den tropfnassen Putzlappen aus der Hand und schlug ihr diesen mit voller Wucht um die Ohren. Dabei schrie sie: „Das hast du nun davon, du Luder!" Sie drehte sich um und ging in ihr Haus zurück.

Meine Mutter stand vor Schreck regungslos – und wortlos – da. Der nasse Putzlappen hatte seine Spuren im Gesicht meiner Mutter hinterlassen. Mit dem Schürzenende versuchte sie, ihr Gesicht trocken zu wischen, und schimpfte leise vor sich hin. Der Grund dieser Auseinandersetzung war wohl eine Männergeschichte vom Vorabend in einem Lokal.

Bei uns im Dorf spielte sich fast alles vor dem Haus ab. Die Menschen saßen am Abend und in der Freizeit vor den Häusern auf einer Bank, sie redeten und diskutierten oder stritten miteinander. Nachbarschaftsstreitigkeiten waren an der Tagesordnung.

Auch sonst war schon viel im Ort passiert. Der kleine Bruder eines Schulkameraden war von einem LKW überfahren worden. Eine Mutter war aus Eiversucht mit einem Beil auf ihre Zwillingsmädchen losgegangen, als sie noch schliefen, und verletzte sie dabei so schwer, dass eines der Mädchen verstarb. Beide Mädchen waren mit mir in die Klasse gegangen. Das ganze Dorf war schockiert. Ein Familienvater, der neben dem Geschäft unserer Oma wohnte, hatte sich vor dem Eingang erhängt.

Im Ort hatten wir einen Bauernhof, der von zwei Frauen, beide um die vierzig Jahre alt, bewirtschaftet wurde. Alle nannten ihn den Müllerhof. Die beiden Geschwister waren etwas wirr im Kopf. Im Haus gingen die Hühner ein und aus und pickten auf dem Küchentisch herum. Überall war es sehr schmutzig. Unsere Mutter half im Sommer öfter bei der Getreideernte bei ihnen aus. Als Lohn bekam sie fast immer eingelegtes Salzfleisch. Es schmeckte ranzig und roch so übel, dass ich trotz meines Hungers keinen Bissen hinunterschlucken konnte. Die beiden Bauersfrauen lagen auch mit ihren Nachbarn, den Küfners, die einen großen Bauernhof und eine Gastwirtschaft besaßen, ständig im Streit. Ihre beiden Anwesen lagen sich genau gegenüber und wurden durch die Hauptstraße getrennt.

Als ich am Nachmittag auf dem Heimweg war, stand Herr Küfner an seiner Hofeinfahrt und lieferte sich ein lautes Wortgefecht mit seiner Nachbarin, der Marie Müller, beide schrien sich über die Straße an. Es fielen derbe Schimpfwörter wie „du alte Sau", „Drecksack", „Hurenbock" und so weiter.

Marie Müller drehte sich um, bückte sich, zog ihren Rock hoch und zeigte Herrn Küfner ihren weißen Hintern. Dabei schrie sie: „Den kannst du lecken, du Depp!", und lachte dabei verächtlich.

Herr Küfner war außer sich vor Wut, er drehte sich um und rannte zu seinem Pferdestall. Seine

Frau, die das Geschehen beobachtete, lief ihm hinterher und flehte ihn dabei an: „Bleib ruhig, Hans, du weißt doch, dass die verrückt ist, hör doch nicht hin, was sie redet, du versündigst dich nur!"

Herr Küfner aber reagierte nicht auf ihr Flehen, sie in Ruhe zu lassen. Er schnappte sich eine Peitsche.

Marie Müller stand noch immer an der Straße und schimpfte hinüber.

Herr Küfner kam zurück und schrie ihr zu: „Zeig mir noch mal deinen Arsch, wenn du dich traust!"

Marie Müller zögerte keine Sekunde, drehte sich sofort um und wedelte mit ihrem entblößten weißen Hintern hinüber, während sie schrie: „Komm rüber und leck ihn mal!"

Herr Küfner rannte so schnell er nur konnte über die Straße und schwang dabei die Peitsche. Noch ehe Marie die Unterhose hochziehen konnte, traf sie die Peitsche. Zwei-, dreimal hat er zugeschlagen. Marie lief schreiend die kleine Anhöhe zu ihrem Haus hoch.

Dann war es still. Herr Küfner kam langsam und zufrieden über die Straße und meinte: „Hast du gesehen? So geht man mit verrückten Weibern um. Die zeigt mir ihren Arsch nicht noch mal!"

Dieses Schauspiel hatten auch einige Nachbarn beobachtet, denn das Geschrei der beiden war ja nicht zu überhören gewesen. Es entwickelte sich

44

zum Hauptgespräch an den Stammtischen und im ganzen Dorf.

Im Herbst, nach der Kartoffelernte, kam eine Firma mit drei großen Metallkesseln. Jeder Kessel hing zwischen zwei Größen Holzrädern, so konnten sie problemlos transportiert werden. Unter jedem Kessel war ein Heizraum mit einem Wasserbehälter. Der erzeugte Wasserdampf, damit die Kartoffeln gar wurden. Frau Küfner sagte zu mir: „Du kannst jederzeit kommen und dir Kartoffeln holen, so viel du willst."
Das Kartoffeldämpfen dauerte drei bis vier Tage. Die gedämpften Kartoffeln wurden in Steintröge eingestampft, abgedeckt und konnten so einige Monate haltbar gemacht werden. Sie dienten als wichtiges Winterfutter für ihre Schweine und Hühner.
Jeden Tag nahm ich einen Topf gefüllt mit heißen Kartoffeln mit nach Hause, so wurden auch wir satt davon.

Im ersten Stock der Gastwirtschaft Küfner war unsere Klasse vorübergehend untergebracht. Albrecht musste eine Klasse wiederholen und ging mit mir noch einmal in die dritte Klasse.
Ich erinnere mich an den 11. November, da kam der Pelzmärtel zu uns in die Klasse, ein rauer Geselle, mit dem nicht zu spaßen war.

Unser Lehrer gab sich sehr überrascht und der Pelzmärtel fragte ihn: „Waren denn auch alle fleißig und brav?"

Der Lehrer zeigte, ohne lange zu überlegen, sofort auf Albrecht und sagte: „Der nicht, der macht keine Hausaufgaben und lernt auch nichts."

Albrecht war einer, den die Schule nur nervte, er machte wirklich keine Hausaufgaben. Nach der Schule warf er seine Schultasche in die Ecke und ging zu Herrn Lohmann Schafe hüten.

Der Pelzmärtel hatte einen großen Jutesack und eine Weidenrute dabei. Er sah furchterregend aus, deutete auf Albrecht und sagte: „Komm her zu mir!"

Mein Bruder stand auf ging nach vorne. Der Pelzmärtel hielt seinen Sack auf und forderte Albrecht auf hineinzusteigen. Albrecht zeigte keinerlei Angst und stieg in den Sack.

In der Klasse war es still, keiner sagte einen Ton. Man spürte und sah die Angst in den Gesichtern der Kinder.

Der Pelzmärtel band den Sack zu, schwang ihn auf seinen Rücken und verließ polternd mit Albrecht das Klassenzimmer.

Unser Lehrer sagte nur: „Das passiert in Zukunft jedem, der nicht fleißig ist", und fuhr mit dem Unterricht fort.

Es verging ungefähr eine halbe Stunde, bis die Türe unserer Klasse aufging und Albrecht wieder zurückkam. Er ging zu seinem Platz, setzte sich neben mich und sagte nur knapp: „Ich war ihm zu schwer, darum hat er mich wieder laufen lassen."

Unser Pfarrer war auch mein Religionslehrer, er hatte eine untersetzte Figur, eine Halbglatze und er fuhr auch immer gleich aus der Haut. Er schimpfte bei jeder Kleinigkeit sofort los und machte dabei einen halben Schritt nach links und einen kurzen Schritt nach rechts, gestikulierte mit den Armen wild umher und hatte eine sehr feuchte Aussprache.

Ich erinnere mich an eine Religionsstunde: Ich saß neben Klaus in einer Bank, wir hatten wieder einmal nicht aufgepasst und geschwätzt. Der Herr Pfarrer kam mit schnellen Schritten auf mich zu, packte mich an meinen dünnen Oberarmen, zog mich aus der Bank und warf mich wieder zurück. Dreimal hatte er das wiederholt, als Klaus plötzlich rief: „Herr Pfarrer, Herr Pfarrer!"

Der Herr Pfarrer hielt inne und fragte mürrisch: „Was ist denn?"

„Der Walter hat heute Geburtstag!"

Ich hatte wirklich Geburtstag. Der Herr Pfarrer sah mich an, strich mir mit einer Hand übers Haar und sagte mit ruhiger Stimme: „Ich gratuliere dir zum Geburtstag und Gottes Segen!" Dann griff er nach seiner Geldbörse, öffnete sie und suchte nach Münzen, drückte mir fünfzig Pfennig in die Hand und sagte: „Davon kaufst du dir heute Mittag ein paar Süßigkeiten beim Bäcker."

Ich bedankte mich höflich und setzte mich langsam wieder hin.

Der Unterricht ging weiter, als wäre nichts geschehen. Mein Hintern tat mir allerdings den ganzen Tag noch sehr weh. Die Schulbank war doch sehr hart.

Ein paar Tage zuvor hatten wir eine neue Mitschülerin bekommen. Sie hatte lange blonde Haare und war sehr hübsch. Ihre Eltern hatten eine Wohnung am Hannaberg gemietet. Das war ein kleiner Berg direkt hinter der Bruckenmühle, auf dem einige Häuser standen. Ihr Vater war beruflich in der ganzen Welt unterwegs, weshalb sie auch nirgendwo sesshaft wurden. Da sie knapp zwei Kilometer nach Hause laufen musste und der Weg direkt an unserem Haus vorbeiführte, begleitete ich sie so oft es ging nach Hause. Auf dem Weg zu ihr führten wir viele lange Gespräche, lachten und lästerten über Schüler und Lehrer. Sie erzählte von England, Spanien und Amerika, wo ihr Vater überall tätig war und sie auch zeitweise zur Schule gegangen war. Sie hatte immer Angst, ganz alleine nach Hause zu laufen, und freute sich deshalb, wenn ich sie begleitete. Ich tat es gerne. Nach etwa drei Monaten verließ sie unsere Schule aber wieder.

Hatten sich irgendwelche Leute im Dorf über ein Kind geärgert, gingen sie nicht zu den Eltern, sondern zum Lehrer, denn da konnte man sicher sein, dass die Übeltäter auch bestraft wurden. So geschah es auch, als Klaus und ich oben beim Judenfriedhof auf einem am Straßenrand stehenden Apfelbaum saßen und uns die süßen Früchte schmecken ließen, bis plötzlich ein Radfahrer aus Richtung Dettendorf kam und uns auf dem Baum erkannte. Es war der Gemeindediener.

Er ließ sein Fahrrad in den Straßengraben fallen und humpelte langsam zu unserem Apfelbaum herüber. Sein rechtes Bein war etwas kürzer als sein linkes Bein, deshalb konnte er nicht richtig gehen. Unter dem Baum blieb er stehen und forderte uns auf, sofort herunterzukommen.

Da wir wussten, dass er uns verprügeln würde, wenn wir herunterkämen, dachten wir nicht daran, seiner Aufforderung Folge zu leisten, und blieben sitzen, bis er nach ein paar Minuten schimpfend weiterfuhr. Dass das Ganze am nächsten Tag ein Nachspiel haben würde, war uns klar.

Am nächsten Tag, in der ersten Stunde, rief uns der Lehrer nach vorne und sagte: „Ihr habt gestohlen und dafür werdet ihr jetzt bestraft. Hände nach vorne!"

Wir streckten zaghaft unsere Hände aus und blitzschnell schlug er mit einer kurzen Haselnussrute zu. Instinktiv zogen wir vor Schmerzen die Hände zurück.

„Noch mal nach vorne!", befahl der Lehrer und schlug wieder zu, insgesamt dreimal mussten wir unsere Hände hinhalten.

Bei jedem Schlag schrien wir laut auf. Es war ein stechender Schmerz. Die Finger waren rot und schwollen dick an. Über diese Art der Bestrafung regte sich niemand auf, das war halt so.

Jeder Lehrer hatte so seine Macken. Lehrer Schmalz war der Theaterlehrer. Das halbe Jahr über waren wir auf irgendwelchen Waldlichtungen oder in Neustadt am Bleichweiher unterwegs und führten ein Märchenstück auf. Herr Schmalz stand auch immer, wenn er ein Schlachtschüssel-paket von einer Bauernfamilie bekam, vor seinem Pult, hob es mit beiden Händen vor seine Brust und lobte das Paket mit den Worten: „Respekt vom Dampfschiff!" Dabei hatte er ein zufriedenes Grinsen im Gesicht.

Es war Winter und es gab viel Schnee. Die Schule war zu Ende und ich wollte gerade nach Hause gehen, da sah ich das gelbe Auto unseres Leh-rers. Plötzlich hatte ich die Idee, seinen Auspuff mit Schnee zu verstopfen. Mit der Hand formte ich drei kleine Schneeballen und stopfte sie nachei-nander in den Auspuff.

Als Lehrer Schmalz nach Hause fahren wollte, stieg er in sein Auto, doch auch nach mehrmali-gem Startversuch sprang seine Kiste nicht an. Sichtlich genervt stieg er wieder aus. Mit prüfen-dem Blick ging er um sein Auto und murmelte ei-nige unverständliche Worte vor sich hin.

Ein paar andere Schüler aus meiner Klasse und ich sahen erfreut zu, wie er verzweifelt und hilflos umherlief.

Da wir so verdächtig grinsten, kam er schnellen Schrittes zu uns, schnappte sich einen Jungen, schüttelte ihn kräftig durch und schrie ihn an: „Was habt ihr mit meinem Auto gemacht? Los, rede, sonst setzt es eine saftige Tracht Prügel!"

Der Junge sagte sofort: „Der da, der Walter hat den Schnee in den Auspuff gestopft!", und deutete dabei auf mich.

Lehrer Schmalz kam auf mich zu und haute mir links und rechts kräftig eine runter. Er zerrte mich zu seinem Auto. „Mach das sofort wieder raus!", schrie er mich mit zittriger Stimme an.

Aber der Schnee, der durch den Versuch, das Auto anzulassen, nun zu Eis geworden war, ließ sich nicht mit den Fingern herauszukratzen. Es funktionierte nicht.

Schmalz schimpfte vor sich hin: „Ich habe noch einen wichtigen Termin, den kann ich jetzt wegen deiner Dummheit nicht einhalten. Das hat noch Folgen für dich!"

Ein anderer Lehrer, der dazukam, hatte die Idee, es mit heißem Wasser zu versuchen. Lehrer Schmalz, schickte mich in die gegenüberliegende Bäckerei, um heißes Wasser zu besorgen.

Die Frau des Bäckers gab mir einen Topf mit heißem Wasser. Das ließ ich langsam über die

Spitze des Auspuffs laufen und plötzlich, bei einem neuen Startversuch, rutschte der Eiszapfen wieder heraus und sein Auto sprang sofort an.

Ein Motorgeräusch ließ uns plötzlich aufhorchen. Um die Kurve bog ein grauer VW-Bus, der vor unserer Haustüre anhielt. Eine ältere Frau in einem grauen Kostüm stieg aus und sprach mit unserer Mutter ein paar Worte. Dann öffnete sie die Schiebetüre des VW-Busses und schob die beiden Pappschachteln mit unseren Kleidungsstücken und die beiden Schultaschen von Vroni und mir hinein. Auch uns forderte sie mit einem Handzeichen und einem halblauten „Kommt!" auf einzusteigen. Harald nahm sie unserer Mutter aus den Armen und schob uns dabei vor sich her ins Auto. Mit der freien Hand schloss sie die Schiebetür und gab dem Fahrer durch ein Kopfnicken das Zeichen zur Abfahrt.

Der Bus war angenehm warm. Gitti und Vroni drückten sich auf der Sitzbank ganz dicht an mich, sie sahen mich mit großen Augen ängstlich und fragend an.

Die Frau vom Jugendamt saß uns mit unbeweglicher Mine wortlos gegenüber. Sie wirkte sehr streng in ihrer Uniform und ich traute mich auch nicht, sie etwas zu fragen.

Der VW-Bus holperte auf der ungeteerten und mit vielen Schlaglöchern versehenen Straße bis zur

Hauptstraße. Er war mit grauen, dünn gepolsterten Bänken ausgestattet, die von einem Metallbügel überspannt wurden. Die Fensterscheiben begannen zu beschlagen und man konnte nicht mehr hinaussehen. Brigitte versuchte mit ihren kleinen Händen, ein Stück vom Fenster frei zu wischen, und drückte ihre Nase dagegen.

Mir gingen in diesem Moment viele Fragen durch den Kopf. Wie weit würden wir fahren? Wie lange würden wir wegbleiben? Was würde aus uns werden? Was würde aus unserer Familie? Lag es an mir, hatte ich Schuld, dass wir weggehen mussten? Ich fand keine Antwort und bekam Angst vor der Zukunft.

Die Fahrt ging über Neustadt und Markt Erlbach nach Trautskirchen und dauerte etwa vierzig Minuten. Wir fuhren die Schlossstraße hinauf, durch einen großen Steintorbogen und standen direkt vor dem Schloss. Nun hatten wir unser Ziel erreicht: ein Alten- und Kinderheim.

Die Frau, die uns begleitet hatte, nahm Harald auf den Arm und forderte uns auf auszusteigen. Ich nahm meine Schultasche und die beiden Pappkartons mit unseren Kleidern. Vroni setzte ihre Schultasche auf die Schulter. Wir standen auf einem großen Vorplatz, der von einem Wohnhaus, vielen Ställen, Scheunen sowie mehreren Holzschuppen eingerahmt war. Das Schloss vor uns machte einen düsteren und kalten Eindruck.

Wie ich später erfuhr, wurde das Schloss 1708 von Ludwig von Seckendorff zu Obernzenn und Meuselwitz, erbaut. Es war ein dreiflügeliges Barockschloss mit toskanischen Säulen in der Eingangshalle. Alte Mauern mit Gittern an den Fenstern ließen es nicht sehr einladend erscheinen. In der Mitte des Vorplatzes befand sich ein Weiher mit Goldfischen und einigen Enten, die darauf schwammen. Ein paar alte Leute mit dicken Mänteln und einer warmen Kopfbedeckung saßen auf einer Holzbank davor und fütterten die Enten mit Brot.

Wir liefen über eine holprige Steinbrücke bis zum Eingangstor des Schlosses. Es war ein großes, halbrundes, zweiflügeliges Holztor von grüner Farbe. Eine kleine Türe auf der rechten Seite war der Eingang. Die Frau vom Jugendamt öffnete die quietschende Türe und wir traten in eine große, nur spärlich vom Tageslicht erhellte Halle ein, in der jedes Geräusch mit einem seltsamen Echo verbunden war.

Herr und Frau Kotschi, die Heimleiter (wir mussten Hausmutter und Hausvater zu ihnen sagen), sowie Schwester Leni nahmen uns in Empfang. Die Hausleiter waren beide dickleibig und nicht sehr groß. Schwester Leni war schlank, mit einem schmalen Gesicht und strengen Zügen. Ihre hochgebundenen graue Haare trug sie unter einer weißen Kappe und dazu ein hellblaues Kleid mit einer weißen Schürze.

54

Schwester Leni forderte uns auf, ihr zu folgen. Durch die Halle links, vorbei an einer großen Steintreppe, die ins Altenheim hinaufführte, ging es durch einen langen Gang zum Aufenthaltsraum des Kinderheimes. Sie öffnete die große weiße Glastüre, die mit Holzsprossen unterteilt war. Wir gingen hinein und vor uns standen ein paar Kinder, die uns kritisch beäugten.

Schwester Leni stellte uns mit den Worten: „Das sind die Neuen, ihr wertet euch noch kennenlernen", vor.

Dann führte sie uns kurz durch die Tagesräume, durch den Waschraum, durch das Bad und in die Schlafräume. Es waren zwei Räume, ein großer Schlafsaal mit zwölf Betten und dahinter ein kleiner Schlafraum mit fünf Betten. Die Räume waren durch die großen Fenster schön hell und alles war weiß gestrichen, Betten, Wände und die Zimmerdecken.

Schwester Leni sagte noch, wer wo schlafen würde: Vroni und Brigitte im ersten Raum und Harald in dem kleinen Zimmer zwischen Tagesraum und Waschraum. Danach ließ sie uns mit den anderen Kindern allein.

Mit uns vieren zählte ich insgesamt fünfzehn Kinder: fünf Mädchen und zehn Buben. Lani war mit zwölf Jahren die Älteste. Ihr Bruder Paul war elf, dann kam ich mit zehn Jahren. Siegfried und Harald sowie Siglinde und Ingrid waren neun, Sylvia acht und Buber sechs Jahre alt. Zwei kleinere Kinder liefen noch um uns herum. Eines lag in einem Bett, drehte den Kopf ständig hin und her und jammerte leise vor sich hin.

Der Aufenthaltsraum war der Hauptraum, er war groß und hell. Drei große Fenster, die bis knapp unter die Decke gingen, ließen viel Licht herein. Die Räume waren sehr hoch und im Gegensatz zu userm Zuhause schön warm. Es roch nach Bohnerwachs, was ich als angenehm empfand.

In der Eingangshalle hing ein großer Messingteller und kurz vor Essensausgabe ertönte ein lauter Gong, der durch das ganze Schloss zu hören war. Das Essen schmeckte gut. Noch nie hatten wir vier Mahlzeiten am Tag bekommen (Frühstück, Mittagstisch, um drei Uhr Tee mit Marmeladensemmeln und Abendessen). Für mein Alter war ich viel zu leicht, wie Schwester Leni meinte, fast unterernährt.

Zur Schule war es nicht weit, sie befand sich gleich unterhalb des Schlossberges. Es war eine alte Schule mit einer mit Holz überdachten Außentreppe, deren Stufen mächtig knarrten, wenn wir hinauf- oder hinunterliefen. Meine Klasse befand sich im ersten Stock. Es waren immer zwei Jahrgangsstufen zusammen.

Die Kinder sahen mich kritisch an, als ich das Klassenzimmer betrat.

Paul stellte mich kurz der Klasse vor, mit den Worten: „Der heißt Walter und soll ein paar Wochen bei uns bleiben."

Die Lehrerin wies mir dann einen Platz zu und während sie mit mir zu meiner Bank lief, sagte sie noch: „Herzlich willkommen."

Die Kinder aus Trautskirchen und Umgebung hatten keinen guten Draht zu uns Heimkindern. Wo es nur ging, ließen sie uns spüren, dass wir nicht zu ihnen gehörten. Sie nannten uns die „Schlösser". Die Kinder aus dem Heim stammten alle aus Problemfamilien (Eltern geschieden, alleinerziehende Mütter). Kaum ein Elternteil kam am Sonntag zu Besuch.

Schwester Leni war sehr streng. Während des Essens durfte am Tisch kein Wort gesprochen werden. Wer sich nicht daran hielt, für den gab es ein paar Ohrfeigen, er musste aufstehen und zwei bis drei Stunden in der Ecke stehen oder knien. Egal ob Junge oder Mädchen, Schwester Leni machte da keine Ausnahmen.

Es standen zwei Tische im Raum. In der Mitte ein niedriger Tisch mit acht kleinen Stühlen für die Kinder, die noch nicht in die Schule gingen, und ein großer Tisch mit einer langen Eckbank für die großen. Harald und zwei kleine Kinder, die noch gewickelt werden mussten, wurden immer auf dem Nachttopf sitzend gefüttert.

Schwester Leni standen noch zwei junge Frauen zur Seite, sie hießen Heidi und Ingrid. Wir mussten uns am großen Tisch immer das Lachen verbeißen, denn wenn Schwester Leni ein Kind fütterte, tauchte sie den kleinen Löffel in den Brei, führte ihn in ihren Mund, leckte mit spitzen Lippen, die sie dabei nach links hochzog, die Spitze ab und schob den Löffel den Kleinen dann in den Mund. Wir fanden das nicht sehr appetitlich, doch es sah sehr komisch aus.

Nie blieben die Kleinen ruhig sitzen und rutschten mit ihren Töpfen durch den ganzen Raum. Schwester Leni fing dann sofort an, sie anzuschreien, und gab ihnen einen kräftigen Schlag auf den Hintern. Das Geschrei während des Mittagessens war immer sehr groß.

Die Kleinen mussten so lange auf ihren Töpfen sitzen bleiben, bis sie etwas Großes gemacht hatten, das dauerte oft sehr lange. Erst wenn etwas Großes im Topf war, wurden die Kleinen gewickelt. Es machte mich immer sehr wütend, wenn sie Harald so behandelte. Am liebsten hätte ich sie angeschrien, damit aufzuhören.

Paul und ich hatten das „Vergnügen", jeden Morgen die Nachttöpfe zu leeren. Es waren drei Stück, die auch fast immer bis zum Rand gefüllt waren. Zum Entleeren mussten die Nachttöpfe weit getragen werden: aus dem Schlafsaal, durch das Bad und den Waschraum, über den Flur und dann zwei Stufen hoch in die Toiletten. Unsere

Finger wurden dabei immer nass. Es waren Plumpsklos, die auch entsprechend dufteten. Die Wand hinter der Urinrinne war mit schwarzer Teerfarbe gestrichen und roch auch entsprechend. Wir hatten die Kinder aufgefordert, die Nachttöpfe nicht so voll zu pinkeln, aber vergebens, die Kinder trauten sich in der Nacht nicht ohne Begleitung, den weiten Weg zur Toilette zu gehen.

Nachts brannte in den Schlafsälen ein Nachtlicht, ein dezentes blaues Leuchten. Es wirkte beruhigend und gab eine gewisse Orientierung, falls eines der Kinder aufwachte. Die Angst wurde dadurch etwas eingedämmt. Es waren immer irgendwelche Geräusche zu hören, das Zuschlagen einer Türe, ein Klopfen oder das Knarren eines Brettes. Manchmal drang der Schrei eines alten Mannes durch die stillen Gänge des Schlosses und ich hielt vor Schreck den Atem an. Keine Türe konnte abgesperrt werden, es war jedem und jederzeit möglich, die Türen zu den Schlafräumen zu öffnen. Das machte uns schon Angst. Siegfried hatte eines Morgens einen Nachttopf, den Paul ausleeren sollte, so voll gepinkelt, dass er überlief. Harald beobachtete ihn dabei und erzählte es sofort Paul.

Paul schnappte sich Siegfried und haute ihm ein paar runter. Dann zwang er Siegfried, den Urin, der den Nachttopf zum Überlaufen brachte, zu trinken.

Siegfried wehrte sich mit Händen und Füßen, aber gegen Paul war er ohne Chance. „Los, trink das runter, was du da drauf gepinkelt hast!", sagte Paul und steckte dabei sein Gesicht in den Nachttopf.

Siegfried nahm ein paar Schlucke davon und übergab sich auch gleich. Er schrie herum und fing an zu toben.

Paul packte ihn nochmals am Kragen und warnte ihn davor, zu Schwester Leni zu rennen. „Wenn du das tust, stecke ich deinen Kopf morgen wieder in den Nachttopf!"

Gegen Paul, konnte er nichts ausrichten. Siegfried war erst einmal kuriert.

Die kleine Angelika (von uns Griedschn genannt, weil sie den ganzen Tag nur jammerte und weinte) war etwa fünf Jahre alt und geistig zurückgeblieben. Sie war sehr dünn, mit einem bleichen, länglichen Gesicht und blauen Lippen. Ihre Augen, die sie immer weit geöffnet hatte, waren stets feucht. Sie lief den ganzen Tag mit angewinkelten Armen umher und jammerte vor sich hin.

Ihre Mutter hieß Betty, sie arbeitete auch im Heim und stammte aus Stübach, einem Ort circa vier Kilometer von Diespeck entfernt. Wollte man nach Stübach, fuhr man direkt an unserem Wohnhaus vorbei. Betty hatte immer ein Lächeln im Gesicht. Sie war eine freundliche Frau, jedoch nicht sehr klug. Der Vater ihres Kindes war nicht bekannt. Betty putzte und half in der Küche.

Ein weiterer kleiner Junge hieß Norbert. Er war vier Jahre alt, schlief sehr unruhig, weinte sehr viel und hatte den ganzen Körper mit Ausschlag bedeckt. Ständig kratzte er seine Pickel auf und wurde deshalb oft an seinem Bett festgebunden. Seine Mutter hieß Renate, hatte schwarze Haare und hinterließ einen strengen Geruch, wenn sie an einem vorbeilief. Ihr Norbert war auch ein uneheliches Kind, Vater unbekannt. Auch sie putzte und half in der Küche aus.

Von den beiden Frauen, die Schwester Leni zur Seite standen, war uns Ingrid am liebsten. Sie war sehr hübsch, hatte blondes, lockiges Haar und kümmerte sich ausschließlich um uns Kinder. Sie war eine ausgebildete Kindergärtnerin. Wir hingen alle sehr an ihr, denn sie hatte viel Geduld und immer ein offenes Ohr für unsere Probleme. Aber von ihr wurde dann verlangt, auch Arbeiten zu machen, die nichts mit ihrem Beruf zu tun hatten. Das lehnte sie ab. Sie war als Erzieherin eingestellt worden und nicht als Putzfrau, das wollte sie nicht machen.

Schwester Leni kritisierte sie ständig und eines Tages kündigte sie und war weg. Zu uns sagte Schwester Leni, dass sie gegangen sei, sei unsere Schuld gewesen.

Paul und ich kamen immer besser miteinander zurecht, wir hatten kaum Streit. Er war etwa einen halben Kopf größer als ich und besaß eine schlanke, jedoch sehr muskulöse Figur. Er konnte kräftig zupacken. Nur sein Kopf war etwas zu klein geraten, war mein Eindruck. Er war der Schwarm vieler Mädchen unserer Klasse, ein sehr sportlicher Typ. Bei den Bundesjugendspielen warf er den Ball am weitesten und war beim Weitsprung der Beste. Auf fünfzig Metern lief er jedem davon. Er bekam immer eine Ehrenurkunde mit einem Sachpreis. Bei mir reichte es gerade so zu einer Siegerurkunde.

Paul war sehr jähzornig, er ging sofort auf die Palme, sobald ihm etwas nicht passte. Wenn er richtig zornig war, redete er sehr schnell und fing dann an zu stottern.

Als wir im Sportunterricht Fußball spielten – der Sportplatz befand sich gleich unterhalb des Schlossberges, mehr Acker als Grünfläche –, war Paul mit dem Ball kurz vor der Strafraumgrenze, als ihm plötzlich Hans, der Sohn unseres Lehrers, von hinten in die Beine grätschte und Paul unsanft zu Boden ging.

Paul stand sofort wieder auf den Beinen, drehte sich blitzartig um und vor Wut, kein Tor geschossen zu haben, schlug er Hans mit einem gezielten Faustschlag nieder.

Hans blieb kurze Zeit liegen und stand dann weinend wieder auf. Unser Lehrer, der auch der

Schiedsrichter war, ging auf Paul zu und verpasste ihm rechts und links ein paar kräftige Schläge mit der offenen Hand ins Gesicht.

Paul ging kurz in die Knie, zeigte aber sonst keine Regung. Er wurde wegen eines groben Foulspieles vom Platz gestellt.

Lehrer Wellmann unterrichtete die fünfte und sechste Klasse in Werken und Geschichte. Er war auch Jäger und Schreinermeister und hatte einen kleinen Betrieb im Ort. Herr Wellmann hatte seinen rechten Arm im Krieg verloren. Während des Unterrichts saß er immer an seinem Tisch und aß ein Pfund Weintrauben. Er stützte sich mit dem linken Unterarm auf der Tischplatte ab und las uns dabei eine Geschichte vor. Schon nach ein paar Minuten wurde seine Stimme immer leiser und langsamer, bis plötzlich sein Kopf nach vorne kippte und er tief und fest einschlief. Manchmal dauerte sein Schlaf ein paar Minuten, ein anderes Mal wachte er sofort wieder auf. Wir wussten also nie, wie lange er schlafen würde. Er war ein Mann mit stattlicher Figur und wenn seine Hand einen traf, blieb man nicht auf den Beinen stehen – ich weiß, wovon ich rede.

Mich traf es, als er einmal das Klassenzimmer verließ. Eine Mitschülerin, die in der ersten Bank saß, sollte für Ruhe sorgen. Berta, seine Tochter, war ebenfalls in der Klasse und wollte zeigen, dass sie alles durfte. Sie machte Blödsinn, ärgerte Mitschüler und trotz Aufforderung gab sie keine Ruhe. Das ärgerte mich. Ohne weiter darüber nachzudenken, stand ich auf, ging auf Berta zu und gab ihr eine Ohrfeige. Die Ohrfeige war gar nicht so kräftig, aber sie heulte ziemlich laut.

In der Klasse herrschte auf einmal Totenstille. Die Tür ging plötzlich auf und ihr Vater kaum ins Klassenzimmer, sah seine Tochter weinen und fragte: „Wer war das?"

Seine Tochter jammerte und zeigte mit dem Finger auf mich. „Der Walter!", sagte sie.

„Komm vor!", forderte er mich auf und während ich auf ihn zulief, kam auch er mir entgegen. Noch im Laufen verpasste er mir mit der linken Hand einen so kräftigen Schlag ins Gesicht, dass ich drei Bankreihen nach hinten flog. Den Schlag spürte ich den ganzen Tag noch, auch mein Rücken tat mir furchtbar weh, denn beim Zurückfallen war ich gegen eine Bankkante gestoßen und hatte einen großen blauen Fleck an den Rippen.

In seinen Unterricht ging ich trotzdem gerne. Im Werkunterricht machten wir brauchbare Dinge, wie zum Beispiel einen Eishockeyschläger, der aus mehreren Schichten Holz verleimt und anschließend mit Schleifpapier geschliffen und lackiert wurde – ein brauchbares Sportgerät, das nicht kaputt zu kriegen war. Auch seine Ausführungen im Geschichtsunterricht zu den Kreuzzügen und über die Ritter waren spannend. Dass ihre Schwerter erst scharf genug waren, wenn eine Feder, die sie im Fluss gegen die Schwertklinge treiben ließen, durchschnitten wurde, wollte ich allerdings nicht so recht glauben. Na ja, es hörte sich aber zumindest spannend an.

Im Heim waren wir sehr eingesperrt. Wir durften das Schloss nicht verlassen und den Garten nur bei schönem Wetter und mit Genehmigung betreten. Nach den Hausaufgaben las ich meist ein Buch oder versuchte, ein Bild zu malen. Malen mit Wasserfarben war auch ein Hobby von mir. Es machte mir Spaß, denn fast alle Bilder, die ich in der Schule malte, wurden ausgestellt.

An diesem Tag bekam ich ein Paket von Werner. Werner wohnte bei uns im Haus, im ersten Stock. In dem Paket waren viele Comichefte wie *Siegfried*, *Tarzan*, *Bodo*, *Ivanhoe* und ein Buch mit dem Titel *Tom reitet über die Prärie*. Ich freute mich sehr über das Paket. Als ich noch zu Hause war, hatte er mir des Öfteren seine ausgelesenen Hefte gegeben.

Schwester Leni stand daneben, als ich das Paket öffnete. Die Comichefte, die darin lagen, nahm sie gleich alle an sich. Mit dem Kommentar: „So einen Schund musst du nicht lesen, lerne lieber deinen Pfarrerspruch!", schmiss sie die Hefte weg. Dazu hast du kein Recht, du blöde Kuh, dachte ich für mich, denn ich war sehr wütend über ihr Verhalten, ich war stinksauer.

So eng miteinander zu leben war nicht immer leicht. Vroni war ein hübsches Mädchen und Siegfried bedrängte sie ständig. Gerade wieder kam Vroni kam ins Zimmer gerannt. Ich saß am großen Tisch bei den Hausaufgaben und sie versuchte, sich vor Siegfried in Sicherheit zu bringen, und kroch unter die Bank.

Siegfried kroch hinter ihr her, um sie zu küssen. Vroni schrie und strampelte mit den Füßen nach ihm. Doch Siegfried gab nicht nach.

Auch ich schrie ihn an, Vroni in Ruhe zu lassen, aber er hörte nicht darauf. Da sprang ich auf, packte Siegfried an den Beinen und zog ihn unter dem Tisch hervor. Schnell saß ich auf seinem Bauch und schlug ihm einige Male kräftig ins Gesicht.

Er schrie wie verrückt, sein Gesicht war ziemlich rot und ich warnte ihn: „Wenn du Vroni noch mal anrührst, verprügele ich dich wieder, aber dann noch fester!" Ich ließ ihn los und er rannte sofort zu Schwester Leni und heulte ihr was vor.

Schwester Leni kam auch direkt wütend auf mich zu. Sie wollte nicht wissen, was los war, sondern haute mir gleich vier-, fünfmal ins Gesicht und auf den Kopf. „Stell dich in die Ecke. Das Abendessen ist auch gestrichen!", sagte sie zu mir. Bis zum Abendessen waren es noch gut zweieinhalb Stunden, denn das gab es immer pünktlich um siebzehn Uhr.

Das In-der-Ecke-Stehen war eine richtige Folter, sehr anstrengend und schmerzhaft. Die Füße taten weh und wurden taub. Der Rücken schmerzte und ich hatte Probleme, mich auf den Beinen zu halten.

Zum Abendessen gab es immer das Gleiche: Butterbrot und Tee, zweimal die Woche etwas Wurst. Die Brote waren vorbelegt und halbiert. Vroni versteckte eine Doppelscheibe Brot unter ihrem Kleid und gab sie mir am Abend.

Unser Harald hatte mittlerweile einen blonden, dicht gewachsenen Lockenkopf bekommen und war zum Lieblingskind der Hausmutter geworden. Sie trug ihn ständig auf dem Arm und nahm ihn überall mit hin. Schwester Leni war das überhaupt nicht recht. Sie meinte nur, dass er dadurch verzogen würde.

Während der Adventszeit mussten wir Kinder, Lani, Sylvia, Paul und ich, an jedem Sonntagabend bei den alten Leuten im Speisesaal oben im ersten Stock ein paar Weihnachtslieder singen. Auf dem großen Adventskranz, der in der Raummitte an der Decke hing, wurde die entsprechende Anzahl Kerzen angezündet. Das Saallicht wurde zur Hälfte gelöscht, sodass eine feierliche Atmosphäre entstand.

Die alten Heimbewohner hörten aufmerksam zu. Manche sangen auch mit. Sie klatschten sogar, wenn wir fertig waren.

Mir machte es Spaß, den alten Menschen etwas Freude zu bereiten. Paul dagegen war nur am Meckern: „Die sollen sich eine Schallplatte anhören. Ich mache mich hier nur zum Affen. Ich hasse die Singerei!" So maulte er nach jedem Auftritt herum. Aber er war doch immer dabei. Er hatte eine gute Stimme und war für unser kleines Gesangsquartett sehr wichtig.

Weihnachten wurde groß gefeiert. Alle Kinder mussten den ganzen Tag im Waschraum verbringen, während Schwester Leni und Heidi den Christbaum schmückten. Nach dem Frühstück hieß es: ab in den Waschraum, und da blieben wir bis zum Abendessen. Es war eine ewig lange Zeit, die nicht vergehen wollte.

Dann durften wir endlich eintreten. Wir bestaunten den Weihnachtsbaum, mussten uns aber auch gleich zum Abendessen hinsetzen. Es gab „saure Zipfel", das sind in Zwiebelsud gekochte Bratwürste mit Brot – nicht mein Lieblingsessen, aber es gab ja keine Alternative.

Nach dem Essen ging es in die Kirche. Alle Kinder, außer den ganz kleinen, gingen in die Kirche. Danach fand die Bescherung statt. Wir waren alle schon sehr gespannt, was es für Geschenke geben würde.

Der Christbaum war reichlich geschmückt und sehr groß, seine Spitze reichte bis unter die Decke. Er war mit Lametta, Glaskugeln, Kerzen und vielen Süßigkeiten – die trotz des Verbotes von Schwester Leni schon nach wenigen Tagen weggegessen waren – behangen. Unter dem Baum lagen die Geschenke. Für alle gab es in erster Linie Kleidung: Wintermäntel, Pullover, Strümpfe, Hemden, Schuhe, alles was gebraucht wurde.

Es war ein Tag, an dem es einmal keine Prügel für jemanden gab. Ein weiteres Geschenk für mich war ein Pfeil-und-Bogen-Set. Die Pfeile waren mit einer Gummikappe gesichert. Der Bogen war nicht sehr durchzugsstark, die Pfeile flogen maximal zehn Meter.

Paul meinte: „Der taugt nichts, den kannst du gleich wegschmeißen!" Also suchten wir in den nächsten Wochen nach einem besseren Holz, um die Flugweite der Pfeile zu verbessern. Schließlich hatten wir einen Bogen aus einem Haselnussast gebaut, der die Pfeile durch den ganzen Garten fliegen ließ.

Eines Tages, es war bereits Frühling geworden, stand ich im Garten an der hinteren Mauer und legte einen Pfeil auf den Bogen, spannte ihn und schoss etwa auf Brusthöhe den Pfeil ab. Der Pfeil zischte vom Bogen und flog kerzengerade in Richtung Kellertreppe davon.

Im gleichen Augenblick kam Linde, Siegfrieds Schwester, wie aus dem Nichts hinter einem Busch hervor und lief genau in die Flugbahn des Pfeiles. Ich konnte sie nicht sehen. Linde blieb plötzlich stehen und starrte mich an. Der Pfeil traf sie mitten auf die Stirn. Sie riss die Arme hoch und fiel nach hinten um.

Mir fuhr der Schrecken in alle Glieder, ich ließ den Bogen fallen und lief sofort zu ihr hin. Linde hatte ein kleines Loch in der Stirn, das leicht blutete. Sie sah ganz blass aus und weinte leise. Drei, vier Kinder standen sofort um sie herum und schrien panisch.

Gott sei Dank war die Gummikappe noch auf dem Pfeil gewesen. Das hatte ein tieferes Eindringen des Pfeiles verhindert. Der Pfeil hatte beim Aufprall auf die Stirn die Gummikappe knapp durchstoßen, wodurch die Verletzung entstanden war.

Linde konnte nach kurzer Zeit wieder aufstehen. Ich brachte sie zu Schwester Leni und sagte ihr, dass sie sich im Garten gestoßen hätte. Zu einem Arzt wurde sie nicht gebracht. Schwester Leni klebte ihr ein Pflaster auf die Wunde und schimpfte sie noch, sie solle nicht so herumtoben, das war alles.

Linde erholte sich wieder schnell von dem Treffer und ich ging nach diesem Ereignis etwas vorsichtiger mit dem Bogen um.

Der Garten war schön groß, mit riesigen, alten Bäumen, auf denen man richtig gut klettern konnte. Es gab viele Büsche – gut, um sich zu verstecken und sehr gut zum Cowboy-und-Indianer-Spielen. Siglinde, die sich sehr jungenhaft verhielt, war immer mit dabei. Sie kletterte mit uns wie ein Junge auf den Bäumen herum. Ihre dunkelbraunen Zöpfe ließen sie wie einen richtigen Indianer aussehen.

Eine lange Schaukel, die an einem dicken Ast hing und sehr weit ausschwang, wurde Harald zum Verhängnis. Paul schubste ihn kräftig an. Harald bekam Angst und er schrie immer lauter, doch Paul schubste ihn immer höher. Harald sprang auf einmal ab. Er setzte sehr hart auf dem Boden auf und zog sich dabei eine starke Prellung des Steißbeines zu. Er konnte viele Tage nicht richtig sitzen. Wenn Harald weinte, hörte sich das unmöglich an, er krähte jämmerlich. Es klang wie ein „Äääääh, äääh". Es war fast schmerzhaft für die Ohren, dieses Geschrei.

Es war stets etwas los bei uns, irgendeiner bekam immer eine Tracht Prügel oder musste in der Ecke stehen. Viele Kinder waren Bettnässer. Statt ihnen zu helfen, haute ihnen Schwester Leni den Hintern voll. Die meisten Kinder, waren psychisch stark geschädigt, schliefen schlecht und wurden von Albträumen geplagt. Lani kümmerte sich viel um sie, tröstete und beruhigte sie, bis sie wieder einschliefen.

Auch zum Fußballspielen war der Garten gut – eine große Grünfläche zum Kicken. Ab und zu kam es vor, dass wir den Ball über die Mauer schossen. Aber dann war es auch kein Problem, ihn wiederzuholen. Einmal fiel er direkt auf die Straße. Paul und ich liefen zur Mauer, um zu sehen, wo unser Ball lag.

Unterhalb der Mauer war das Haus der Familie Heinrich und die zwei Brüder, die darin wohnten, waren gerade auf der Straße und hatten unseren Ball in Beschlag genommen. Der Kleinere, Erich, mit einem etwas runden, pickeligen Gesicht und roten Haaren, etwa von meiner Größe, aber mit mehr Gewicht als ich, ging mit mir in die Klasse. Sein älterer Bruder war so groß wie Paul, hatte eine schlanke Figur und ein schmales Gesicht mit blasser Haut und stark abstehenden Ohren.

Paul rief ihnen zu: „Werft uns den Ball rauf!"

Der Größere, Erwin, erwiderte: „Wenn ihr ihn haben wollt, dann holt ihn euch, ihr Pfeifen!"

Paul stupste mich mit dem Ellenbogen an und entgegnete: „Das machen wir, wir sind gleich da!", und sofort kletterten wir zu ihnen hinunter.

Es dauerte keine Minute und Paul und ich standen ihnen direkt gegenüber. Paul streckte Erwin die Arme entgegen und sagte: „Her damit, sonst kracht's!"

Erwin hatte den Ball unter den Arm geklemmt und meinte: „Wenn du dich traust, dann hol ihn dir!"

Er hatte seinen Satz kaum zu Ende gesprochen, da traf ihn auch schon die rechte Faust von Paul direkt am Kinn. Durch die Wucht des Schlages ging Erwin sofort in die Knie, wobei ihm der Ball aus dem Arm fiel.

Sein Bruder Erich trat vor Schreck zwei Schritte zurück. Schnell nahm ich den Ball an mich.

Der Großvater der beiden Brüder saß vor dem Haus auf einer Bank und beobachtete das Geschehen. Als er sah, wie sein großer Enkel mit einem lauten Schrei in die Knie ging, sprang er auf, hob seinen Gehstock in die Luft und fuchtelte damit wild herum.

„Komm wir gehen", sagte Paul und wir ließen die zwei stehen.

Keiner der beiden machte Anstalten, uns aufzuhalten. Ihr Opa schrie uns eine Reihe von Schimpfwörtern wie „Dreckspack", „Schläger" und so weiter hinterher.

Paul war immer sehr schnell, wenn es darum ging, jemandem eine reinzuhauen. Er sagte mir einmal: „Wenn du einen Schritt zurückweichst, hast du schon verloren. Dein Gegner spürt sofort, dass du Angst vor ihm hast, und wird dadurch stärker. Du musst immer auf deinen Gegner zugehen und versuchen, den ersten Treffer zu erzielen!" Das hätte ihm sein Vater als Erstes beigebracht, sagte er.

Pauls Aussage entsprach genau seinem Handeln, er fackelte nicht lange, sondern wurde gleich aktiv. Gut, ich hatte nicht Pauls Kraft, aber ich war nicht feige. Vor niemanden bin ich jemals weggerannt, außer vor Erwachsenen, da gab es keine Chance. Auch wenn ich oft Prügel bezog, als Feigling hat mich nie jemand bezeichnet. Das war auch das, was Paul an mir schätzte. Körperlich und kräftemäßig konnte ich gegen ihn nichts ausrichten, doch meine Ideen und Argumente und mein Mut hatten ihn beeindruckt.

Paul und ich kletterten zurück in unseren Garten. Wir spielten wieder Fußball, als wäre nichts geschehen. Erst am Nachmittag rief uns Schwester Leni und sagte: „Ihr zwei sollt euch sofort beim Hausvater melden."

Paul und ich hatten gleich eine Ahnung, um was es gehen würde. Als wir ins Büro eintraten, stand er mit strenger Mine vor uns. Dann sagte er: „Der Heinrich-Opa war gerade bei mir und hat erzählt, dass ihr seine Jungs grundlos verprügelt habt. Was soll das? Nun erzählt mal, was los war." Er sah mich dabei an und ich erzählte ihm, was geschehen war.

Nachdem sich der Hausvater alles angehört hatte, sagte er: „Ist in Ordnung, Jungs, die wollten es nicht anders haben, ihr dürft jetzt gehen." Paul und mir fiel ein Stein vom Herzen, denn wir hatten eine Strafe erwartet.

Einige Wochen später sah ich, als ich von der Schule heimging, den alten Heinrich-Opa vor seinem Haus auf der Bank sitzen. Er hatte einen großen Verband um sein Kinn und den Kopf.

Paul erzählte mir am Abend im Schloss, dass er mit den Nachbarn Streit gehabt hätte und der Ritter-Opa ihm mit einem Faustschlag seinen alten Kiefer gebrochen habe.

Wir lachten beide über dieses Ereignis und Paul kommentierte: „Da hat es einmal den Richtigen erwischt!" Auch hier waren Nachbarschaftsstreitigkeiten keine Seltenheiten. Sie waren oft sehr laut, sodass wir sie bis zu uns ins Schloss herauf hörten.

Der Hausvater war ein gutmütiger Mann, nicht sehr groß, mit einem dicken Bauch und wenigen grauen Haare auf dem Kopf. Wenn ich etwas für die Schule brauchte oder bei den Rechenaufgaben nicht weiterwusste, konnte ich immer zu ihm kommen. Sein Büro war gleich im Gang vor der Eingangstüre zu unserem Aufenthaltsraum.

Sonntags schleppte er den Fernseher aus seiner Wohnung zu uns in den Tagesraum, damit wir die Kinderstunde, *Lassi*, *Fury*, *Ivanhoe* oder *Rintintin*, sehen konnten. Das waren damals die beliebten Kinderserien. Wenn die Kinderstunde vorbei war, trug er den schweren Fernseher wieder zurück. Dabei atmete er schwer und kam ins Schwitzen.

Mit den Altenheimbewohnern hatten wir nur wenig Kontakt. Ab und zu traf man jemanden in der Halle oder am Weiher vor dem Schloss. Es kam auch vor, dass wir einen einhundertsten Geburtstag hatten. Der Jubilar oder die Jubilarin begrüßten ihre Gäste dann in der großen Eingangshalle. Es kamen die Familienmitglieder, der Bürgermeister und die Presse und der Posaunenchor spielte ein Ständchen.

Es gab auch interessante Personen im Heim. Als ich wieder einmal in den oberen Fluren herumschlich – was verboten war – und an einer offenen Türe vorbeikam, sah ich hinein. Es war ein großes, helles Zimmer.

Am Fenster saß ein Mann an einem kleinen Tisch und vor ihm lagen viele große Alben. Er entdeckte mich und sagte: „Komm doch rein, ich tue dir nichts."

Ich ging zu ihm hin. Er bot mir einen Platz auf dem Stuhl gegenüber an und fragte mich: „Na, wie heißt du denn? Ich habe dich schon oft gesehen, wenn du unten im Garten warst."

„Walter", antwortete ich.

„Aha, Walter", wiederholte er. „Ud ich bin der Herr Knorr, ich wohne schon seit fünf Jahren hier." Herr Knorr war ein großer, kräftiger Mann mit einem grauen Haarkranz, der nur mit einer Gehhilfe laufen konnte. „Schau mal, was ich hier habe. Interessierst du dich für Briefmarken?"

Ich zuckte mit den Schultern. „Weiß nicht."

Begeistert zeigte er mir erst seine Briefesamm-
lung. Er hatte Schriftverkehr mit sehr vielen Persönlichkeiten aus aller Welt. Es waren Briefe von
Politikern, Königen, Schauspielern – alle Briefe
der prominenten Personen waren persönlich un-
terzeichnet. Er war mächtig stolz auf seine
Sammlung. Beeindruckend war auch seine Briefmarkensammlung. Es waren bestimmt zehn
große Alben, die da vor mir auf dem kleinen Tisch
lagen. „Da sind auch viele seltene und wertvolle
Marken dabei!", sagte er mit betonter Stimme.
Etwa eine halbe Stunde später stand ich auf, um
wieder zu gehen, da ertönte auch schon der Gong
aus der Halle. „Es gibt Essen und ich muss runter,
sonst bekomme ich Ärger, wenn ich nicht rechtzeitig da bin."
Herr Knorr rief mir noch nach: „Wenn du willst,
kannst du jederzeit wieder vorbeikommen. Ade!"
Ich besuchte ihn daraufhin noch öfter, denn einmal reichte nicht aus, um seine gesammelten
Schätze zu bestaunen. Oft rief er aus seinem
Fenster in den Garten, wenn er wieder einen
neuen Brief bekommen oder eine seltene Briefmarke erworben hatte. Dann besuchte ich ihn
auch gleich, um seine Neuheiten zu bewundern.

In der Schule gab es mit einigen Jungen in der
Pause wieder Ärger. Paul war, wie schon er-
wähnt, bei den Mädchen sehr beliebt. Einigen
Jungs passte das gar nicht, sie versuchten, ihn

bloßzustellen, und da er manchmal ins Stottern kam, wenn er aufgeregt war, hänselten sie ihn deswegen. Erst vor wenigen Tagen hatte er eine Strophe aus dem Gedicht „Die Bürgschaft" vorgetragen, als er an der Stelle: „da riss der Strudel die Brücke hinab", rezitierte: „da riss der Strudel die Brückel hinab". Die ganze Klasse war in Gelächter ausgebrochen.

Ich stellte mich neben Paul und forderte sie auf zu verschwinden. Mittlerweile waren es sieben Jungs, die um uns herumstanden „Komm, Paul, wir gehen. Kümmere dich nicht um die Idioten", sagte ich und fasste ihn dabei am Arm. Er drehte ihnen den Rücken zu und wir gingen zurück ins Klassenzimmer.

Paul war katholisch und hatte eine Stunde früher Schluss als ich. Meine Religionsstunde endete um dreizehn Uhr. Als ich den Schlossberg hinauflaufen wollte, standen plötzlich zwei Jungs, Hans und Peter, zwei richtige Angeber, die auch in der Pause heute früh das Wort geführt hatten, vor mir. Mit den Worten: „Na, wer ist denn hier ein Idiot? Hast du noch mehr so Sprüche drauf?", empfingen sie mich.

Hans, riss mich von hinten nieder und hielt meine Arme fest, Peter setzte sich auf meinen Bauch. Es gab für mich keine Möglichkeit, dagegenzuhalten. Sie prügelten auf mich ein.

Nach einigen Minuten ließen sie dann von mir ab. Meine Nase blutete und das rechte Auge fing an zuzuschwellen. Ich stand langsam auf, nahm meine Büchertasche in die Hand und ging den Schlossberg hinauf.

Als ich oben ankam, sah ich den katholischen Pfarrer, ein kleiner Mann mit der Figur einer Birne, der einen Altenbesuch machte. Er sah mich an und meinte: „Du hast dich tapfer geschlagen, Walter." Dabei klopfte mir auf die Schulter.

Ich dachte nur: Den Spruch kannst du dir sparen. Warum hast du mir nicht geholfen? Von wegen tapfer geschlagen, ich hatte keine Chance.

Als sie mich sah, sagte Schwester Leni nur: „Das wirst du auch verdient haben, das geschieht dir recht!"

Für Paul und mich war klar, das würden wir ihnen zurückzahlen. Wir überlegten, wie wir vorgehen sollten. Paul meinte, ich sollte es wie eine Verbrüderung aussehen lassen. „Wir warten ein paar Tage, bis es dir wieder besser geht, dann zahlen wir es ihnen heim!"

Eine Woche später warteten wir wieder den Religionsunterrichtstag ab, an dem Paul eine Stunde früher Schulschluss hatte.

In der Pause ging ich auf Hans und Peter zu und sagte ihnen: „Kommt, lasst uns damit aufhören, es hat doch keinen Sinn, sich ständig zu schlagen, außerdem seid ihr stärker. Ich habe am Schlossberg, wo ihr mich letzte Woche verhauen habt, heute früh eine Tafel Schokolade versteckt, die essen wir gemeinsam zur Verbrüderung."

„Das Glauben wir dir nicht", erwiderten sie und drehten sich um.

„Und warum sollte ich es euch anbieten, wenn es nicht stimmt? Ihr seid zu zweit und ich bin ganz allein."

„Also gut, dann nach der Schule", sagten sie.

Nach Schulschluss folgten sie mir zum Schlossberg. Dort angekommen stand auch Paul plötzlich vor ihnen. „Wo ist denn die Schokolade?", fragten sie unsicher.

„Habt ihr geglaubt, dass wir uns das gefallen lassen, was ihr Feiglinge mit Walter gemacht habt?", gab Paul mit ganz ruhiger Stimme zurück.

Schon ging es los. Paul schnappte Hans, den Größeren der beiden, der gerade versuchte wegzulaufen, an der Büchertasche. „Halt! Dageblieben!", rief Paul. Er hatte ihn schnell auf den Rücken geworfen und saß auf seinem Bauch, mit den Knien auf seinen Oberarmen, und versetzte ihm kräftige Schläge ins Gesicht.

Ich boxte gleich auf Peter ein. Wir haben sie ordentlich verdroschen. Hans, den Paul so richtig verhauen hatte, kam am nächsten Tag nicht zur Schule. Peter hatte ein ähnlich geschwollenes Gesicht wie ich damals, als sie mich verdroschen hatten. Paul und ich waren mit dem Ergebnis ziemlich zufrieden.

Die Eltern von Hans standen am nächsten Tag im Schloss und beschwerten sich laut und aggressiv beim Hausvater über uns.

Obwohl Schwester Leni eine Woche zuvor gesehen hatte, wie ich aussah, als sie mich verprügelt
hatten, brüllte sie uns an, was wir für brutale Kerle
seien, und schlug gleichzeitig auf uns ein. Außerdem sollten wir hundertmal den Satz schreiben:
„Ich darf meine Mitschüler nicht schlagen."
Paul bemerkte: „Das sollte sie lieber selbst mal
aufschreiben: ‚Ich darf unsere Kinder nicht schlagen.'"
„Da hast du recht, Paul", sagte ich.
Das Abendessen war natürlich auch gestrichen.
Paul saß neben mir am Tisch. Er schrieb keinen
einzigen Satz. „Das mach ich nicht, selbst wenn
sie mich totschlägt!"
Ich hatte geschrieben, bis mir die Finger schmerzten. Als Schwester Leni kam, um sich die Strafar-
beit anzuschauen, verpasste sie Paul gleich noch
mal ein paar Ohrfeigen und verhängte zwei Tage
Zimmerarrest. Das bedeutete, er durfte den
Schlafsaal nicht verlassen. Paul schrieb dennoch
keinen einzigen Satz.

Mit Schulfreundschaften wurde es immer schwie-
riger. Mit Martin, einem Jungen aus meiner
Klasse, dessen Vater eine Schreinerwerkstatt in
der Schlossstraße hatte, kam ich jedoch gut zurecht. In seiner Werkstatt bauten wir Holzschwer-
ter. Martin war ein ruhiger Junge und ich war
gerne mit ihm zusammen. Er hielt sich aus allen
Raufereien heraus.

Opa Schäbe, ein alter Herr aus dem Heim, war für die Hühner und den Garten zuständig. Im Schlossgraben standen vier große Hühnerställe mit sehr vielen Hühnern und einigen Truthähnen. Herr Schäbe hatte eine untersetzte Figur, im rechten Mundwinkel immer eine Pfeife hängen, trug eine hellbraune Manchesterhose und einen blauen Kittel und hatte darüber eine braune Lederschürze gebunden. Auf dem Kopf trug eine flache schwarze Lederkappe. Er zog das rechte Bein etwas nach. Das sei eine Kriegsverletzung, sagte er.

Am Morgen nahm Opa Schäbe immer die Eier aus den Nestern. Sein Korb war stets bis oben gefüllt. Oft lief ich neben ihm her und fragte ihn dabei irgendetwas, um ihn abzulenken.

Während er mit mir redete, nahm Paul ihm ein paar Eier aus dem Korb. Opa Schäbe hat nie etwas bemerkt, und wenn doch, hat er es gut verborgen. Die Eier stachen wir oben und unten mit einem Nagel an und saugten sie aus. Es schmeckte prima.

Opa Schäbe hat den Hühnern auch die Köpfe abgehackt. Dabei habe ich ihm oft zugesehen. Die Hühnerköpfe warf er auf den Komposthaufen, auf dem sich viele Ratten aufhielten. Die geköpften Hühner legte er dann zum Ausbluten auf ein Brett. Zwei Frauen aus der Küche tauchten sie erst in heißes Wasser und rupften sie dann. Geschmeckt haben sie prima.

Der Komposthaufen lag neben den Ställen, an der drei Meter hohen Gartenmauer. Er wurde rechts und links von Büschen beschattet. Von oben konnte man gut auf den Komposthaufen, auf dem sich immer ein paar Ratten aufhielten, hinunterschauen.

Paul hatte plötzlich eine Idee: „Komm, wir suchen uns ein paar schwere Steine. Die lassen wir dann von oben auf die Ratten fallen!"

Nach kurzer Zeit hatte jeder zwei große Steine zur Mauer geschleppt. Paul hob den ersten Stein über die Mauer, zielte und ließ ihn fallen. „Volltreffer!", rief er, als die Ratte unter dem Stein begraben wurde. Das Rattenversenken haben wir noch oft gemacht.

Opa Schäbe erzählte uns, dass am übernächsten Tag das Holz für neue Hühnerställe angeliefert würde, und fragte uns, ob wir ihm nicht helfen könnten.

„Klar helfen wir, ist doch selbstverständlich", sagte ich.

Opa Schäbe nickte und murmelte: „Ist gut."

Es war ganz schön anstrengend, die alten Hühnerställe abzureißen, es staubte wie verrückt. Unter den Ställen waren mindestens vierzig bis fünfzig Ratten, die wir aufgescheucht hatten. Plötzlich wimmelte es nur so von ihnen. Sie rannten uns durch die Beine und wir hüpften ängstlich über sie hinweg. Opa Schäbe versuchte, sie mit einer Schaufel zu erschlagen. Die Hühner pickten nach ihnen und warfen sie in die Luft. So etwas hatte ich noch nie gesehen.

Nach etwa einer Stunde waren die Ratten verschwunden und das Spektakel war vorbei. „Seht ihr? Deshalb war es notwendig, die Ställe zu erneuern. Die Ratten hatten lauter Löcher in das Holz gefressen und sich in den Ställen eingenistet", betonte Opa Schäbe.

Paul und ich wollten auch immer alles ausprobieren. Wir fingen Goldfische aus dem Schlossweiher und versuchten, sie über einem kleinen Feuer zu braten, dann aßen wir sie. Na ja, ohne Salz und noch halb roh schmeckten sie entsprechend fad. Das haben wir nur einmal gemacht.

Bei so vielen Leuten wird viel Essen benötigt und da fällt auch eine Menge Abfall an. Deshalb hielt das Heim auch einige Schweine. Platz war in den alten Mauerställen genug. Wir hatten stets sechs bis acht Schweine und diese mussten auch einmal die Woche ausgemistet werden. Herr Schmidt, auch ein Bewohner des Heims, kümmerte sich um die Schweine.

Paul und ich halfen ihm öfter beim Heraustreiben. Die Schweine liefen dann im Schlosshof umher. Wir schlossen Wetten ab, wer am längsten auf einem Schwein reiten könnte. Es war ein großer Spaß.

Die Schweine rannten, was das Zeug hielt, und nach ein paar Metern flogen wir wieder runter. Aber im Laufe der Zeit wurden wir immer besser. Ich schaffte fast eine Runde um den Weiher. Die Schweine wurden auch immer schneller, quiekten ganz laut, rannten uns durch die Beine und warfen uns dabei um.

Der alte Herr Schmidt schimpfte uns: „Die Viecher werden nicht fett, wenn ihr sie so herumscheucht, lasst sie in Ruhe!" Aber sobald er im Stall verschwunden war, ging der Spaß für uns weiter.

Beim Schlachten der Schweine wollten wir nicht zusehen, denn das eine oder andere hatten wir doch ins Herz geschlossen.

Eine alte Dame lief ständig um den Schlossweiher herum. Sie hatte immer ein kleines Bündel Wäsche im Arm und in der Hand ein kleines Döschen, das sie ständig öffnete und sich den Inhalt mit zwei Fingern ins Gesicht schmierte.

Paul sprach sie an und frage sie: „Was machst du da, wofür ist die Creme?"

Sie antwortet mit singender Stimme und lächelte dabei: „Es macht mich schön. Gibt eine schöne Haut."

Wir mussten beide lachen und im selben Moment hatte ich die Idee: „Lass uns eine leere Nivea-Dose holen, ich pinkele hinein und gebe sie ihr als Schönheitstinktur."

Paul meinte: „Das funktioniert doch nie, das merkt sie doch!"

Gesagt getan, ich stand vor ihr und hielt ihr die Dose hin. Sie sah mich fragend an und ich sagte ihr: „Die musst du schön in die Wangen einreiben und alle Falten verschwinden sofort."

Sie nahm die Dose, öffnete sie vorsichtig und rieb sich damit das ganze Gesicht ein. Mit einem Lächeln im Gesicht und einem Liedchen auf den Lippen ging sie langsam weiter.

Wir mussten kräftig lachen, doch so richtig wohl war mir danach nicht.

Paul meinte nur: „Mach dir keine Gedanken, davon stirbt sie nicht."

Der Teil des Gartens, den wir nutzen durften, war für Paul und mich bald zu klein. Wir waren neugierig, was auf der anderen Seite des Zaunes noch alles war.

Unser Garten war über die ganze Länge mit einem circa hundertachtzig Zentimeter hohen Maschendrahtzaun, über dem zwei Reihen Stacheldraht gespannt waren, abgetrennt. Dahinter lag der Garten für die Heimleitung. Schön angelegte Kieswege, saubere Baumringe in der Rasenfläche, viele Obstbäume und dichte Zierbüsche. Die Eingangstüre war immer verschlossen.

Paul und ich fanden bald aber eine günstige Stelle, wo es möglich war, über den Zaun zu klettern. Es war am hinteren Bereich, wo Drahtzaun und Schlossmauer zusammentrafen. Unterhalb der Schlossmauer waren viele Gärten angelegt. Die Gärten waren abgestuft und mit jeweils einer langen, dicken Mauer abgegrenzt und nach Süden ausgerichtet. Die Mauern hatten eine Höhe von etwa zweieinhalb Metern. Wir sprangen von einem Garten in den anderen hinunter. Die Erde war weich und wir hatten viel Spaß dabei.

Wir mussten nur vorsichtig sein, dass uns keiner dabei erwischte. Der alte Herr, der für die Gärten zuständig war, war sehr streng und verjagte uns sofort, sobald er uns sah, und verpfiff uns bei Schwester Leni. Die Folge war immer eine Tracht Prügel.

Es waren Sommerferien, der Hausvater rief Paul und mich zu sich ins Büro und sagte: „Ihr seid ja jetzt schon fast erwachsen (ich war zwölf und Paul dreizehn Jahre). Kommt mal mit mir, ich habe eine Aufgabe für euch." Er ging mit uns auf den Schlossvorplatz und lief direkt auf einen dort abgestellten LKW zu. „Seht mal, diese Braunkohle muss in den Schuppen hier eingelagert werden. Der alte Mann, der das sonst gemacht hat, ist leider erkrankt und ich glaube, das schafft ihr auch. Hier sind zwei Schaufeln und eine Schubkarre. Na denn, ihr macht das schon." Dann drehte er sich um und ließ uns mit unserer Arbeit stehen.

Paul sah mich fragend an, hob die Schultern und meinte: „Das Schaffen wir in einer Woche nicht. Der ist wohl verrückt!"

„Was sollen wir machen?", sagte ich. „Lass uns anfangen."

Wir schaufelten Schubkarre um Schubkarre voll und fuhren sie in den Schuppen. Der Schweiß floss uns über die Stirn und über den Körper, Hemd und Hose waren nass geschwitzt. Der Hausvater schickte uns zwei Flaschen mit Zitronenlimonade, die wir ruck, zuck geleert hatten.

Gegen achtzehn Uhr war der LKW leer geräumt, die Kohle lag im Schuppen. Der Hausvater kam vorbei und sagte: „Das habt ihr gut gemacht, Jungs. Ich bin stolz auf euch." Dabei klopfte er uns lobend auf die Schulter. „Geht euch waschen und kommt dann in die Küche. Ich lasse euch eine ordentliche Brotzeit herrichten."

Wir gingen in den Waschraum und wuschen uns von Kopf bis Fuß gründlich ab. Dann begaben wir uns in die Schlossküche. Es war eine riesige Küche. Viele große Töpfe standen in einem Regal und über den großen Kochherden hingen an einer Metallstange viele große und kleine Schöpflöffel. In der Ecke stand ein langer Tisch, auf dem eine Vesperplatte aus Holz auf uns wartete, belegt mit Schinken, Wurst, eingekochtem Fleisch, Gewürzgurken, Butter und aufgeschnittenem Brot. Dazu fanden wir noch zwei kleine Holzbretter, Messer und Gabeln vor. Neben jedem Gedeck stand auch eine Flasche Bier. Paul und ich grinsten uns an.

Der Hausvater meinte: „Ihr habt wie richtige Männer gearbeitet, also habt ihr euch auch eine Flasche Bier verdient."

Wir aßen kräftig und tranken die Flasche Bier aus. Das Bier stieg uns auch sofort zu Kopf. Mir wurde ziemlich übel, leicht wankend suchte ich das Schlafzimmer, lies mich ins Bett fallen und schlief sofort ein. Paul erzählte mir am nächsten Morgen, dass es ihm auch so ergangen sei.

Noch nie im Leben hatte ich eine Flasche Bier getrunken. Meinem Vater musste ich öfter eine aus der Wirtschaft holen, doch mehr als einmal daran genippt hatte ich bisher nicht. Zwei Tage lang steckte uns die Anstrengung vom Kohleschaufeln noch in den Gliedern. Doch nach Bier hatten wir kein Verlangen mehr.

Das Frühstück war jeden Morgen gleich: Butterbrot und heiße Milch. Die Milch war mit sehr viel Haut überzogen, die ich beim besten Willen nicht trinken konnte. Es waren richtig dicke Brocken, die leicht gelblich schimmerten. Mich schauderte es jedes Mal, wenn ich einen Milchhautbrocken im Mund spürte. Vroni versuchte immer, die Milchhaut aus meiner Tasse abzuschöpfen. Schwester Leni hätte getobt, wenn sie das mitbekommen hätte.

Auch das Pausenbrot war stets gleich, immer dünn mit Butter bestrichen. Mein Banknachbar in der Schule war ein Junge aus Dagenbach. Willi hieß er, ein richtiger Bauernbursche, etwa so groß wie ich, mit kräftiger Figur, schwarzen Haaren und braun gebrannt. Willi hatte immer ein Pausenbrot, das zentimeterdick mit Leberwurst belegt war. Er tauschte oft mit mir, denn er konnte keine Wurst mehr sehen und aß lieber mein Butterbrot. Für mich war das eine willkommene Abwechslung, ich aß seine Wurstbrote gern.

Wenn Willi einen Kaugummi in den Mund nahm, blieb es nicht bei einem, er steckte sich gleich ein ganzes Päckchen in den Mund und kaute genussvoll darauf herum. Selbst während des Unterrichts kaute er oft auf einem Kaugummi.

Unser Hauptlehrer erwischte ihn wieder einmal dabei, während er genüsslich kaute. Er ging zu Willi an den Tisch, baute sich vor ihm auf und sagte: „Steh auf!"

Willi stand auf und sah ihn mit großen Augen und einem Grinsen im Gesicht an. Schon krachte es, mit voller Wucht schlug unser Lehrer Willi und dieser fiel zu Boden.

„Steh auf!", rief der Lehrer.

Willi stand auf und sein Grinsen war immer noch da. Wieder schlug der Lehrer so kräftig auf Willi ein, dass er erneut auf den Boden krachte. Das Ganze passierte fünfmal.

Willi verlor auch beim letzten Mal, als er zu Boden ging, sein Grinsen nicht. Wieder stand er auf, der Lehrer schüttelte ihn nochmals kräftig durch und drückte ihn dann auf den Stuhl zurück.

Der Lehrer war sichtlich erschöpft von der Prügelei. Er lief nach vorne zu seinem Pult und steckte seine beiden Daumen in Brusthöhe unter seine Hosenträger, spannte sie weit nach vorne und fuhr dann mit beiden Daumen bis zum Hosenbund hinunter. Dabei atmete er tief ein und aus.

Willi sah mich an und sagte: „Der kann mir gar nichts!" Dabei hatte er noch immer sein verschmitztes Grinsen im Gesicht.

In den Ferien fuhren wir Kinder in den Tiergarten nach Nürnberg. Um sieben Uhr in der Frühe stand ein VW-Bus vom Jugendamt vor dem Tor. Die Fahrt kam uns sehr lang vor. Aber wir freuten uns auf den Tiergarten und auf das, was uns erwartete, denn keiner von uns war schon einmal dort gewesen. Niemand von uns hatte je ein echtes Raubtier gesehen. Es war ein interessanter und abwechslungsreicher Tag. Löwen, Tiger, Elefanten, Zebras und so weiter. Wir schwärmten noch wochenlang von diesem Erlebnis.

Der Hausvater wurde plötzlich krank und musste ins Krankenhaus. Leider kam er nicht mehr zurück, er hatte einen Gehirntumor und starb nach vier Wochen im Krankenhaus. Wir waren alle sehr geschockt.

Er wurde in Trautskirchen beerdigt. Es kamen viele Menschen, um ihm die letzte Ehre zu erweisen. Zu diesem Zeitpunkt war ich auch aktives Mitglied im Schulchor und wir sangen zwei Lieder. Der Schulchor war bei Hochzeiten, Taufen, Beerdigungen und Kirchenfesten im Einsatz. Für unser Singen bekamen wir meistens zwanzig bis dreißig oder sogar fünfzig Pfennig Trinkgeld. Im Sommer war die Singerei ja okay, doch im Winter machte es keinen Spaß. Es war oft bitterkalt oder es regnete und man wurde patschnass.

Unserem Chorleiter krächzte ich schließlich ein paar Töne vor und behauptete, dass ich im Stimmbruch sei. Er sagte nur: „In Ordnung, dann kannst du nicht mehr im Chor mitsingen." Somit war ich raus.

Die Stimmung im Heim wurde nach dem Tod des Hausvaters immer schlechter. Bei der geringsten Kleinigkeit gab es gleich ein paar Ohrfeigen. Schwester Leni lief auch sofort zur Hausmutter und beschwerte sich über uns. Dann kam auch sie und ließ ein Donnerwetter los. Das ging sogar so weit, dass sie uns für den Tod des Hausvaters verantwortlich machte. Sie sagte dann immer: „Ihr seid schuld, dass er gestorben ist, ihr habt ihn zu Tode geärgert!" Das betraf hauptsächlich Paul und mich.

Paul und ich begannen nun, langsam das Schloss zu erkunden. Opa Schäbe hatte auf unserer Etage eine Werkstatt. Sie lag genau gegenüber dem Büro der Heimleitung. Den Schlüssel versteckte er oben auf dem Türrahmen. Wir mussten sehr vorsichtig sein, denn wenn man uns erwischen würde, gäbe es wieder richtig Ärger.

Die Werkstatt war ein Paradies für uns. Es gab wirklich alles, was man sich nur vorstellen konnte. Paul hatte die Idee, Metallspitzen auf unsere Pfeile aufzusetzen. Er meinte, dass unsere Pfeile dann besser auf der Zielscheibe, die wir auf die Gartentüre aufgemalt hatten, stecken bleiben würden. Die Gartentüre war aus dickem Holz und schloss den Garten zum Heim ab. Es führten noch sieben Stufen von der Türe zum Garten hinunter.

Opa Schäbe erwischte uns natürlich bald, als wir in seiner Werkstatt zu Gange waren. Er stürmte in die Werkstatt, fasste sich an seine Kappe, schob sie dabei vor und zurück und rief: „Was treibt ihr da? Ihr wisst doch, dass ihr hier nichts verloren habt. Ich gehe gleich zur Hausmutter und erzähle ihr alles!" Opa Schäbe regte sich dabei ziemlich auf.

Er war ein Pfeifenraucher und hatte oft Probleme, seinen Tabak zu bekommen. Paul oder ich hatten ihm schon viele Male nach der Schule aus dem Kaufladen im Ort seinen Tabak mitgebracht. Paul reagierte sofort und sagte zu ihm: „Wenn du das machst, bringen wir dir keinen Tabak mehr mit."

Opa Schäbe wurde sofort wieder ruhiger und murmelte vor sich hin: „Na gut, aber ihr dürft keinen Lärm machen und ihr räumt alles wieder an seinen Platz."

„Na klar!", versprachen wir und waren glücklich, die Werkstatt weiterhin benutzen zu dürfen.

Wir bauten gute Pfeile, mit Nagelspitzen und Federeinsätzen am Schaft. Die Bögen besaßen eine große Spannkraft und die Pfeile flogen weit durch die Luft. Wir schossen auf Tauben, die oft in großen Schwärmen vorbeiflogen. Wir dachten, es dürfte doch kein Problem sein, eine davon zu treffen. Aber keine Chance, sie waren so geschickte Flieger und wichen jedem Pfeil gekonnt aus. In der Luft waren sie einfach nicht zu treffen.

Auf unsere Kellertüre, die zum Garten führte, malten wir eine runde Zielscheibe. Aus circa zehn Metern Entfernung schossen wir darauf. Mit der Zeit trafen wir immer genauer.

Die Zielscheibe an der Kellertüre wurde mir eines Tages zum Verhängnis. Es war auf den Weg in den Garten. Ich hatte die Kellertüre bereit zur Hälfte geöffnet, als mich plötzlich etwas ins Gesicht traf. Mir wurde schwarz vor Augen und ich hatte das Gefühl, als ob mir jemand ein Stück Holz auf den Kopf geschlagen hätte. Ein stechender Schmerz, wie ein Blitzschlag, fuhr mir durch den Kopf. Mir brummte Schädel. Ich sank zu Boden und blieb auf dem Hintern sitzen.

Paul kam sofort sehr aufgeregt und erschrocken zu mir und fragte, wie es mir ginge.

Ich wusste nicht, was passiert war. In meinem Kopf drehte sich alles.

Gerade, als ich die Türe geöffnet hatte, hatte Paul auf die Zielscheibe geschossen und sein Pfeil hatte mich direkt im Gesicht, unter dem rechten Auge, am Wangenknochen getroffen und war daran abgeprallt. Das war Glück im Unglück, hätte er einen halben Zentimeter höher getroffen, wäre mir der Pfeil direkt ins Auge geflogen. Die Wunde blutete sehr stark und das Auge begann zuzuschwellen.

Langsam kam ich wieder auf die Beine. Paul griff mir unter den Arm und brachte mich nach oben in den Waschraum. Meine Beine wollten nicht so richtig, also setzte ich mich auf einen Stuhl.

Paul holte Schwester Leni. Sie kam mit Verbandszeug und fragte: „Was hast du gemacht? Wie ist das passiert?"

Ich antwortete: „Ich bin am Stacheldraht hängen geblieben, als ich über den Zaun klettern wollte."

„Das geschieht dir recht", tadelte sie und haute mir dabei gleich noch eine runter. Dann klebte sie ein großes Stück Pflaster auf die Wunde, das war's. Einen Arzt zu holen hielt sie für nicht nötig.

Am nächsten Tag war mein Auge vollkommen zugeschwollen und schimmerte in allen Farben. Es dauerte lange, bis die Wunde verheilt war. Auf die Kellertüre schossen wir nach diesem Ereignis auch nicht mehr.

Eines Morgens, kurz nach dem Frühstück, kam Schwester Leni zu Paul und mir, sie brauchte Hilfe. Ein Mitbewohner des Altenheimes, der Seemann, war am Vorabend nicht nach Hause gekommen und die ganze Nacht weggeblieben. Der Seemann war ein alter Mann, aber noch sehr rüstig, mit weißem Bart und halblangen weißen Haaren. Wir nannten ihn alle nur Seemann. Er war früher auf großen Handelsschiffen zur See gefahren und hatte mir viele Geschichten erzählt, denn ich saß oft neben ihm auf einer Bank im Schlosshof. Geschichten vom kargen Leben auf den großen Schiffen, von schweren Stürmen und fremden Ländern.
Ich lauschte gern seinen Erzählungen und dachte, das wollte ich auch erleben. Die Welt zu bereisen und fremde Länder zu sehen, das wäre sicher sehr schön.
Er verstand es, aus einem Hasenfell eine perfekte Steinschleuder zu bauen. Und wie gut er damit umgehen konnte, zeigte er uns in beeindruckender Weise. Er schoss mir aus zehn Schritten Entfernung durch die Beine. Zielsicher traf er Blechbüchsen und Flaschen damit. Er gab auch uns gute Tipps zum Bau von Pfeil und Bogen.

Den ganzen Tag, bis zum Einbruch der Dunkelheit, suchten eine Menge Leute, darunter auch wir beide, nach ihm. Wir hatten an seinem Lieblingsplatz, von dem er oft erzählte und der etwa zwei Kilometer vom Schloss entfernt lag, oben am Geheimgang, der angeblich bis zum Schloss führen sollte, nachgesehen, doch es gab keine Spur von ihm. Wir hatten schon Angst, dass ihm wirklich etwas passiert sein könnte, denn es gab keine Spur von Ihm.

Zwei Tage später stand er aber plötzlich wieder vor dem Schlosstor. Die Hausmutter und Schwester Leni putzten ihn ganz schön runter, wie er sich so etwas erlauben könnte. Wir seien alle besorgt gewesen und hätten Angst um ihn gehabt.

Er sagte jedoch nur, dass er mal wieder für sich hätte sein wollen.

Es kam öfter vor, dass eine alte Frau oder ein Mann vermisst wurde. Dass sie sich verliefen, weil ihnen die Orientierung fehlte. Aber sie wurden fast immer gefunden. Zwei Personen, eine Frau und später ein Mann, konnten jedoch nur tot gefunden werden.

In der Schule prahlte ein Mitschüler, dass sein Vater viel Geld mit dem Fell von Bisamratten verdiene. Er habe am Zennufer entlang einige Fallen aufgestellt und schon viele von ihnen gefangen.

Bei Paul und mir kam sofort die Idee auf, uns bei unseren nächsten Streifzügen nach einer solchen Falle umzusehen.

Also suchten wir das Ufer nach Fallen ab. Tatsächlich fanden wir eine, in der eine Bisamratte gefangen war. „Was meinst du, sollen wir die wirklich mitnehmen? Die sieht ja eklig aus. Ihr Fell ist schon ganz zottelig und übel riechen tut sie auch", meinte Paul.

„Wir können es ja mal versuchen, vielleicht bekommen wir ja Geld für das Fell", antwortete ich.

Gesagt getan, ich packte die Ratte in eine mitgebrachte Tüte und nahm sie mit nach Hause.

Paul hatte mir gleich klargemacht, dass er das Vieh nicht häuten würde. „Ich zieh ihm nicht das Fell ab!", sagte er.

„Das mache ich schon, wird wohl nicht so schwer sein", erwiderte ich etwas voreilig. In der Werkstatt holt ich ein Messer, zwei Nägel und einen Hammer. Die Bisamratte nagelte ich mit den Hinterbeinen an der Kellertüre fest. Es war ein großes Tier, das bestimmt, den Schwanz mitgemessen, fünfzig Zentimeter lang war. Paul schätzte ihr Gewicht auf etwa drei Pfund.

Mein Taschenmesser war nicht scharf genug, um den Bauch zu öffnen, also ging ich hoch in die Werkstatt und am Schleifstein wurde die Schneide richtig geschärft. Nun schnitt ich der Bisamratte den Bauch auf.

Der Geruch war fast nicht zu ertragen. Paul klagte: „Pfui Teufel, das hält ja keiner aus! Mir wird gleich übel!"

Ich nickte ihm zu und sagte: „Mir auch." Ich nahm eine Blechbüchse und legte die Innereien der Ratte hinein.

Jetzt ging es darum, das Fell abzuziehen. Da ich keine Ahnung hatte, wie ich es abbekommen sollte, schaffte ich es auch nicht.

Schließlich war die ganze Mühe umsonst gewesen. Mit blutverschmierten Händen nahm ich die Ratte wieder ab und begrub sie im Komposthaufen. Meine Hände rochen noch wochenlang nach den Innereien der Ratte und den Geruch bekam ich monatelang nicht aus der Nase.

In einem Tierlexikon hatte ich nachgelesen, dass die Menschen diese Tiere früher auch gegessen hatten. Die Bisamratte war nicht mit der Ratte verwand. Sie ernährte sich hauptsächlich von Pflanzen. Ihr Fell war jedoch bei den reichen Leuten sehr beliebt, sie ließen sich wertvolle Mäntel oder Jacken daraus schneidern. Deshalb war die Nachfrage nach ihren Fellen auch sehr groß.

Für mich war das eine Lehre, in Zukunft die Finger von Dingen zu lassen, von denen ich nichts verstand.

Das Heim war sehr katholisch geprägt, das Dorf dagegen evangelisch. Wir, also meine Geschwister und ich, waren ebenfalls evangelisch und mussten jeden Samstag vor dem zu Bett gehen mit Lani den Rosenkranz komplett herunterbeten. Mir kam es schon damals als sinnlos dahinge-plapperte Worte vor, die sich ständig wiederhol-ten. Aber es gab keine Ausnahme. Die Evangeli-schen mussten am Sonntag in die Dorfkirche und wenn am Nachmittag im Heim für die alten Heim-bewohner Gottesdienst war, fand dieser immer im Speisesaal statt und mussten wir auch da hin.

Eines Sonntags schwänzte ich die Kirche. Es war so schönes Wetter und ich wollte lieber durch den Wald streunen, als in der Kirche zu sitzen. Aber irgendjemand hatte mein Fehlen scheinbar be-merkt und es Schwester Leni verraten. Die rief mich dann auch gleich und, ohne etwas zu sagen, verpasste sie mir ein paar kräftige Ohrfeigen. Für den Rest des Tages gab es Zimmerarrest.

Samstag war immer Badetag. Ab sechzehn Uhr wurde die ganze Mannschaft gebadet. Erst die Kleinen, dann die Großen, immer drei bis vier Kin-der in einer Wannenfüllung. Das Wasser sah ganz grün aus, es wurde mit Fichtennadeltablet-ten angereichert und roch ganz angenehm.

Schwester Leni schrubbte jeden ab. Dabei zeigte sie kein Mitgefühl und rieb den Waschlappen dick mit Seife ein, um dann den Kleinen das Gesicht abzuschrubben. Es gab immer ein riesiges Ge-schrei dabei, die Seife brannte ihnen in den Au-gen.

Paul hatte sich immer selbst gebadet und ich wollte es auch nicht mehr haben, dass sie mich wusch. Ich war bereits weit über zwölf Jahre und wollte mich nicht mehr von oben bis unten von ihr waschen lassen.

Auf meine Weigerung hin sagte sie nur: „Es Affen, wehe ich finde hinterher noch irgendwo Dreck!" Sie stammte aus Hauzenberg bei Passau und das war wohl der dortige Dialekt. „Es Affen, lernt's erst mal euren Pfarrerspruch!" Das war ihr Hauptspruch. Aber ab diesem Tag badete ich mich selbst.

Das Bad befand sich genau zwischen dem Waschraum und dem großen Schlafraum und wurde durch eine Doppeltüre getrennt. In der Türe zum Badezimmer befand sich ein etwa zwei Millimeter breiter Riss, der sich horizontal über die ganze Türbreite zog. Das Bad lag eine Stufe höher als der Schlafraum und so konnten wir uns auf die Stufe knien und hatten einen vollen Blick auf die Badewanne.

Spät am Abend badete sich erst Schwester Leni und danach die Hausmutter. Bei Schwester Leni trauten wir uns nicht, durch den Schlitz zu schauen, denn sie hätte es sofort gemerkt. Bei der Hausmutter hatten wir mehr Mut, denn die war so sehr mit sich beschäftigt, dass sie um sich herum nichts mehr wahrnahm.

Wenn sie in die Wanne stieg, wurden unsere Augen immer größer und wir staunten nicht schlecht, was da für eine Körpermaße bewegt wurde. Sie plapperte ständig vor sich hin. Da sie sehr dick war, schwappte das Wasser oft über. Es roch sehr intensiv nach Badelotion. Der Duft zog durch alle Schlafräume. Paul, Lani und ich drückten uns die Nasen am Türschlitz platt. Wir mussten uns immer wieder kurz wegdrehen und dabei das Lachen unterdrücken.

Sie lag in der Wanne und stöhnte immer wieder vor sich hin: „Jös, Marie und Joseph ... Jös, Marie und Joseph ..." Sie wusch sich dabei langsam ab und hauchte weiter: „Jööö ... Jööö...jes, Marie und Joseph!" Es dauerte circa eine halbe Stunde, bis sie dann wieder mit viel Mühe ihren dicken Körper aus der Wanne hievte.

Die Hausmutter kam aus dem Egerland und erzählte uns, dass der berühmte Ernst Mosch ein Cousin von ihr sei. Ernst Mosch war damals ein sehr bekannter Volksmusikant (Die Egerländer Volksmusikanten).

Samstag war auch der Tag, an dem es für die ganze Woche frische Kleidung gab. Ein neues Nachthemd nach dem Baden, Unterwäsche, Strümpfe, Hemd und Hose. Jeder hatte einen Stuhl im Waschraum, auf dem seine Kleidungsstücke lagen.

Der Fußboden im Waschraum war mit Steinfliesen ausgelegt und hatte sechs weiße Keramikwaschbecken mit verchromten Armaturen, aus denen aber nur kaltes Wasser floss. Für die abendliche Köperwäsche holten Paul und ich immer mit einem großen Blecheimer heißes Wasser aus der Küche.

Einmal rutschte mir beim Wassereingießen ins Waschbecken ein Eimer ab und ich goss mir das heiße Wasser über den rechten Oberschenkel. Die Haut wurde großflächig verbrannt. Es tat höllisch weh.

Heidi, die Schwester Leni zur Seite stand, lief in die Küche und holte Mehl und Verbandsmaterial.

Sie streute mir das Mehl über die verbrannte Haut und umwickelte das Bein dann mit einer Binde um.

Am nächsten Tag kam der Hausarzt und sah sich mein verbrühtes Bein kurz an, seine Diagnose war: „Ist in Ordnung, alle drei Tage neu verbinden und dann wird das wieder." Das war alles und schon war er wieder weg.

Die Schmerzen hielten lange an und die Heilung war auch sehr kompliziert. Das Mehl hatte die Wunde verklebt und die Haut verheilte lange nicht.

Jeden Samstag gab es zum Mittagessen einen Gemüseeintopf. Den aß ich sehr gern, er schmeckte prima, und zum Abendessen, pünktlich um siebzehn Uhr, gab es Kakao und Butterbrot. Ab achtzehn Uhr wurde sich dann langsam fürs Schlafengehen fertig gemacht und um neunzehn Uhr wurde der Rosenkranz gebetet. Das hat Lani übernommen.

Sonntags gab es fast immer Schweinebraten und Klöße zu Mittag. Paul und ich wollten einmal feststellen, wer von uns die meisten Klöße essen könnte. Jeder von uns schaffte elf Klöße. Gut, sie waren nicht sehr groß, doch ich hatte anschließend höllische Bauchschmerzen. Ich musste dringend auf die Toilette, doch es ging nichts. Ich stand mit den Füßen auf der Toilette und ging dabei in die Kniebeuge, um mehr Druck zu erzeugen, doch nichts half. Die Bauchschmerzen wurden immer stärker und schließlich, da ich es vor Schmerzen fast nicht mehr aushielt, holte Vroni Schwester Leni.

Die tobte erst mal richtig: „Wie blöd kann man denn nur sein, so viel in sich hineinzustopfen?"

Da die Bauchschmerzen nicht nachließen, verpasste sie mir schließlich einen lauwarmen Einlauf. Es war sehr unangenehm, sie pumpte mir eine Menge lauwarmes Wasser in meinen Hintern. Ich spürte, wie es anfing zu blubbern und zu glucksen. Und nach ein paar Minuten setzte die Wirkung ein. Ich schaffte es gerade noch zur Toilette. Mein Darm wurde entlastet und es war eine Wohltat.

Paul hatte, außer einen leichten Druck im Bauch, keine Probleme, ihm ging es relativ gut.

Von unserem Schlafzimmerfenster aus hatten wir einen schönen Ausblick über Trautskirchen. Oft saßen wir an warmen Sommerabenden auf der breiten Fensterbank und sahen hinüber auf die gegenüberliegenden grünen Hügel, auf denen Kühe grasten. Es war alles sehr still und friedlich, kaum ein Geräusch war zu hören. Trautskirchen war rechts und links in eine Hügelkette eingebettet, in deren Tal das kleine Flüsschen Zenn ruhig dahinfloss.

Wir größeren Kinder, Paul, Lani, Siglinde und ich, konnten nicht schon um zwanzig Uhr schlafen. Deshalb setzten wir uns oft am Fenster zusammen und erzählten uns gegenseitig, was wir später, wenn wir hier einmal raus wären, machen wollten. Das zog sich dann bis spät in die Nacht hinein. Es waren Träume, Wünsche und Sehnsüchte, die uns das Ganze hier ertragen ließen. Aber wir mussten sehr vorsichtig sein, denn Schwester Leni durfte uns nicht erwischen, sonst hätte es Prügel gegeben.

Lani erzählte abends, wenn wir nicht einschlafen konnten, sehr schöne Geschichten. Geschichten von Pferdefreundschaften, Hunden und von Familien, die ihre Kinder verwöhnten. Lauter Dinge, die keiner von uns erleben durfte.

Im Schlafsaal war es dann mucksmäuschenstill, die kleineren Kinder schliefen dabei ruhig und schnell ein. Lani sprach sehr leise, denn Schwester Leni hätte es nicht geduldet. Nach zwanzig Uhr musste absolute Bettruhe herrschen.

Für Montag hatte sich hoher Besuch angesagt, Herr Kuhn vom Jugendamt Neustadt/Aisch wollte nach dem Rechten schauen. Schwester Leni ließ uns alle in Reih und Glied antreten und gab uns genaue Anweisungen, was wir auf seine Fragen zu antworten hatten: „Wenn Herr Kuhn fragt, wie es euch geht oder wie es euch hier gefällt, sagt ihr, es gefällt euch sehr gut." Genau so war es.

Herr Kuhn, ein großer, kräftiger Mann mit einer Glatze stand in seinem grauen Anzug furchterregend vor uns und begrüßte uns mit: „Grüß Gott, Kinder."

Wir antworteten gemeinsam: „Grüß Gott, Herr Kuhn."

Er bemerkte jedoch nur: „Ich sehe, es geht euch gut und es fehlt euch an nichts." Mit der rechten Hand holte er eine kleine Tüte mit Bonbons aus der Jackentasche und sagte dabei: „Das ist für euch, Kinder."

Keiner von uns sprach ein Wort, bis Schwester Leni rief: „Und, was sagt man da?"

„Danke – Danke schön!", erwiderten einige.

Herr Kuhn bekam das schon gar nicht mehr mit, denn er war bereits halb wieder aus dem Zimmer.

Ich sagte zu Paul und Lani: „Das hätte er uns auch ersparen können und sein Tütchen Bonbons kann er auch wieder mitnehmen."

„Das stimmt", bestätigten sie und nickten dabei.

Die Sonntage waren immer sehr öde, kaum jemand von uns bekam Besuch. Paul, Lani, Sylvia und Buber hatten sich schon damit abgefunden, dass niemand kam. Ihre Eltern waren geschieden. Der Vater lebte in Markt Erlbach, das lag nur etwa zwölf Kilometer von uns entfernt, aber er hatte Alkoholprobleme und ließ sich nie blicken. Von ihrer Mutter wussten sie auch nichts.

Siglinde kam aus Neustadt/Aisch. Auch ihre Angehörigen kamen nicht. Wir wussten auch nicht, warum sie hier war.

Siegfrieds und Lindes Vater bekamen wir einmal zu Gesicht. Harald Gräbner wurde jedes halbe Jahr von seinem Vater einmal besucht.

Unser Vater kam etwa alle vier, fünf Wochen auf seinem Moped zu Besuch. Bei seinem letzten Besuch hatte er erzählt, dass er sich hätte scheiden lassen. Dass er sich von Mutter getrennt hätte und sie ausgezogen sei. Wohin sie gezogen sei, wüsste er auch nicht, vielleicht nach Nürnberg, meinte er. Einen großen Teil seines Verdienstes musste er für unsere Unterbringung hier im Heim ans Jugendamt bezahlen. Deshalb konnte er auch nicht so oft kommen. Von unserer Mutter haben wir nie etwas gehört. Auch Günter, unser ältester Bruder, ließ nie von sich hören. Nur Gerhard, der Zweitälteste, schrieb ab und zu einen Brief, der von der Heimleitung immer geöffnet wurde.

Schwester Leni sagte eines Tages zu Vroni: „Lass dich sauber anziehen und kämm deine Haare. Heute kommt ein sehr nettes Ehepaar, die haben einen großen Bauernhof und wollen dich gern in Pflege nehmen."
Vroni erzählte es mir sofort und ich war geschockt darüber, dass sie uns trennen wollten.
Am Nachmittag traf das Ehepaar ein. Sie gingen mit Vroni ein Stück spazieren und waren sofort von ihr begeistert und wollten sie gern haben. Zu Beginn der Pfingstferien wollten sie Vroni dann abholen. Das Jugendamt hatte die Genehmigung dafür bereits erteilt.
Diese Ankündigung machte uns alle sehr traurig. Bis zu den Ferien waren es noch vier Wochen.
In den Nächten weinte Vroni sehr viel. Sie zog sich immer mehr in sich zurück. Ich musste etwas unternehmen und so überlegte ich, was ich dagegen tun könnte. Ich beschloss, unserem Vater einen Brief zu schreiben, denn er musste etwas tun, damit Vroni nicht zu fremden Leuten kam.
Die Hausmutter, Schwester Leni und Heidi durften davon nichts erfahren. Deshalb ging ich zu

108

Herrn Knorr hoch, dem alten Herrn, der mir seinen Schriftverkehr mit Persönlichkeiten aus aller Welt und seine Briefmarkensammlung gezeigt hatte. Ich fragte ihn, ob er mir Briefpapier, Kuvert und eine Briefmarke geben würde.

„Natürlich. Sagst du mir auch, an wen du schreiben möchtest?"

Ich erzählte ihm von der Aktion mit Vroni und bat ihn darum, nichts davon weiterzuerzählen.

„Nein, nein, von mir erfährt niemand etwas!" Es sei richtig, was ich tat, und er glaube nicht, dass das Heim beziehungsweise das Jugendamt das ohne Zustimmung unseres Vaters tun dürfe.

So schrieb ich heimlich einen Brief an meinen Vater und klagte unser Leid.

Lieber Papa,

am letzten Sonntag war ein Ehepaar hier, die haben sich Vroni angesehen. Sie wollen sie mit auf ihren Bauernhof nehmen. Die Hausmutter und Schwester Leni haben es ihnen schon zugesagt. Vroni und wir alle wollen nicht, dass man uns trennt. Vroni ist sehr traurig und weint deshalb sehr oft. Bitte versuche, etwas dagegen zu tun.

Viele Grüße von uns allen
sendet Dir Walter

Drei Wochen später, es war Sonntag, kam unser Vater zu Besuch. Er hatte den Brief erhalten und erzählte uns, dass er sehr wichtig gewesen sei, dass ich ihn über das Vorgehen des Jugendamtes informiert und den Brief geschrieben hätte. Er hatte nichts davon gewusst, dass Vroni in eine Pflegefamilie sollte. Er erzählte uns, dass er, gleich nachdem er den Brief erhalten hatte, zu Herrn Kuhn ins Landratsamt gefahren war. Dort auf dem Amt hatte er richtig Ärger gemacht und seiner angestauten Wut freien Lauf gelassen. Die Vorzimmersekretärin hatte ihn nicht durchlassen wollen, da er keinen Termin hätte. Unser Vater war einfach an ihr vorbei und direkt in das Büro des Amtsleiters gegangen. Herr Kuhn hatte an seinem Schreibtisch gesessen und unseren Vater überrascht angesehen. „Wer hat Sie hereingelassen? Was wollen Sie hier?" Unser Vater hatte gleich losgelegt und Herrn Kuhn als Menschenhändler ohne Gewissen und ohne jegliches Feingefühl beschimpft. Er werde sich einen Anwalt nehmen und ihn verklagen. Herr Kuhn hatte versucht, unseren Vater zu beruhigen. Erst als er ihm versichert hatte, dass er das Ganze noch einmal prüfen werde, hatte sich unser Vater beruhigt und mit dem Versprechen, dass er wiederkomme, wenn sie die Trennung der Kinder nicht rückgängig machen würden, das Büro verlassen. Eine

Woche später, hatte unser Vater dann den Bescheid bekommen, dass das Ersuchen der Familie Mayer, ein Pflegekind bei sich aufzunehmen, abgelehnt worden sei. Der Fall Pflegefamilie war eingestellt und Vroni blieb bei uns. Wir waren richtig glücklich. Es wäre schrecklich gewesen, wenn man uns Vroni weggenommen hätte.

Die Tage vergingen, ich schlich wieder einmal durch die Gänge im ersten Stock, als ich ein Ehepaar, das zu Besuch hier war, aus einem Zimmer kommen sah. Sie hatten ein großes Bild, das in Packpapier gewickelt war, unter dem Arm. Wo haben die das Bild her?, fragte ich mich.

Die Türe stand einen Spaltbreit offen. Da sah ich auf einer Staffelei ein großes Bild stehen. Ich klopfte an die Türe und ein alter Herr mit freundlichem Gesicht kam an die Türe und sagte: „Komm doch rein. Wie heißt du denn?"

„Walter."

„Mein Name ist Müller", erwiderte er und fragte dann: „Was hast du auf dem Herzen, Walter?"

„Nichts", sagte ich. „Ich habe nur eben ein Paar herauskommen sehen, mit einem großen Bild in der Hand, und das hat mich neugierig gemacht." Ich trat ein und staunte nicht schlecht.

Im ganzen Zimmer standen und hingen wunderbare Bilder. Es waren richtige Kunstwerke. Da mich die Malerei schon immer fasziniert hatte, hing mein Blick an den Bildern.

„Die scheinen dir ja zu gefallen. Wenn du willst, kannst du mich jederzeit besuchen und dir die Bilder ansehen. Ich würde mich darüber freuen, denn viel Besuch gibt es hier nicht", sagte er.

Begeistert sah ich ihn an und erwiderte: „Das wäre schön. Vielleicht kannst du mir ja zeigen, wie du malst?"

„Ja, geht in Ordnung."

Viele Stunden verbrachte ich daraufhin bei ihm. Er erzählte gern aus seinem Leben und für wen er alles schon Bilder oder Porträts gemalt hatte, doch die Namen sagten mir nichts.

Der ganze Raum roch nach Ölfarbe und Terpentin. Sein grauer Mantel war voller Farbkleckse. Er konnte auch wunderbare Flugzeugmodelle bauen.

Eines Tages fragte er mich, ob er mir auch ein Bild malen sollte. Momentan habe er keinen Auftrag und wenn ich das wolle, würde er es gern machen.

Begeistert sagte ich: „Ja, bitte!"

Wir unterhielten uns darüber, was für ein Bild es sein sollte. Meine Vorstellung war sehr klar: Es sollte ein Bild mit Cowboys und Pferden sein, wie sie über die Prärie ritten.

„Nun, ich werde eine Skizze anfertigen. Schau in drei, vier Tagen wieder vorbei."

„Ja, gerne", antwortete ich und machte mich auf den Weg nach unten.

Nach vier Tagen ging ich wieder zu ihm hoch, um zu sehen, was er sich ausgedacht hatte. Auf seiner Staffelei stand ein weißer Bilderrahmen, circa fünfzig auf achtzig Zentimeter, und auf der Leinwand war eine Skizze zu sehen: drei Cowboys auf Pferden, die gerade über ein niedriges Gebüsch springen wollten.

Ich sah es genau an und er fragte mich: „Wie gefällt es dir? Hast du dir das so vorgestellt?"

„Es sieht sehr gut aus, Um ehrlich zu sein, ich hatte keine genaue Vorstellung, aber es ist sehr schön, es sieht sehr lebendig aus."

„In Ordnung, dann werde ich es mal mit Farbe versuchen, aber lass mir etwas Zeit dafür."

„Zeit spielt bei mir keine Rolle, ich habe genug Zeit", sagte ich lachend und ging dann nach unten, denn es gab gleich Abendbrot.

Jede Woche ging ich einmal bei ihm vorbei, um zu sehen, wie weit er war. Nach etwa sieben Wochen war das Bild fertig. Es sah wunderbar aus, die tollen Farben der Landschaft, der Pferde, der Cowboys – ich war sprachlos.

„Wie gefällt es dir?" Er nahm das Bild von der Staffelei und gab es mir in die Hand. „Es gehört dir, du darfst es mitnehmen."

Ich nahm seine Hand und bedankte mich. „Danke, vielen Dank, es ist wunderbar!" Voller Stolz nahm ich das Bild.

„Du kannst mich jeder Zeit wieder besuchen, wenn du willst!", rief er mir noch hinterher.

Mit dem Bild unter meinem Arm ging ich gleich ins Schlafzimmer, denn ich wollte es über mein Bett hängen. Aus der Werkstatt holte ich Hammer und Nagel, als Schwester Leni plötzlich hinter mir stand. „Was machst du da?", fuhr sie mich an.

„Das Bild an die Wand hängen."

„Woher hast du das Bild?"

„Der Kunstmaler Herr Müller aus dem ersten Stock hat es mir gemalt und geschenkt."

„Das kommt überhaupt nicht infrage! Das darfst du nicht haben, ich bringe es gleich zurück." Sie nahm mir das Bild aus der Hand und trug es weg. Sie verbot mir auch, Herrn Müller wieder zu besuchen. „Du hast da oben nichts zu suchen!", sagte sie energisch.

Das machte mich sehr geärgert und traurig. Ich hatte eine Stinkwut auf sie.

Das Bild hätte sehr schön über meinem Bett ausgesehen. Nirgendwo hingen Bilder an der Wand, alles war nur in einem eintönigen Weiß gestrichen. Alle Räume wirkten kalt und steril.

Ich schlich trotzdem nochmals zu Herrn Müller hoch und erzählte ihm die Geschichte. Doch es half leider auch nichts. Er sagte nur: „Dagegen kann ich nichts tun, Walter." Von dem Bild sah ich nie wieder etwas.

Über Nacht bekam ich heftige Zahnschmerzen, doch Schwester Leni meinte, wir könnten erst am nächsten Tag zum Zahnarzt fahren, denn sie müsse erst eine Fahrgelegenheit besorgen, solange könne ich es schon noch aushalten. Was blieb mir anderes übrig, als zu warten?

Am Nachmittag des nächsten Tages kam ein VW-Bus aus Neustadt, der mich und fünf weitere Kinder nach Wilhermsdorf zum Zahnarzt fuhr.

Im Wartezimmer waren nur wir. Die Sprechstundenhilfe kam herein und fragte: „Na, wer will denn der Erste sein?"

Keiner rührte sich, doch ich stand gleich auf und ging mir ihr ins Behandlungszimmer, denn die Schmerzen waren schlimmer geworden.

Der Zahnarzt fragte: „Wo tut es denn weh?"

„Da hinten, der Zahn."

„Der ist ja schon ganz schwarz", sagte er und fing gleich an zu bohren.

Schwester Leni stand dabei, sodass ich mich sehr zusammennahm, denn Jammern oder ein Au-Geschrei hätte sie nicht akzeptiert. Ich hatte riesige Schmerzen, klammerte meine Hände fest um die Armlehnen des Behandlungsstuhles und konnte die Tränen nicht mehr zurückhalten. Plötzlich wurde mir schwarz vor Augen und ich wurde ohnmächtig.

Als ich wieder zu mir kam, lag ich auf einem Sofa im Wohnzimmer des Zahnarztes. Am Kopfende des Sofas stand auf einer Anrichte ein Radio, aus dem das Lied „Die Welt ist schön, Mylord" von Edith Piaf ertönte. Entspannt lauschte ich dem Gesang und der Melodie. Es hörte sich an, als wollte mir das Lied Mut machen. Ich fühlte mich in diesem Moment so richtig gut und schloss wieder die Augen, um dem Lied weiter zu lauschen.

Da ging auch schon die Türe auf und der Zahnarzt und Schwester Leni standen vor mir: „Da ist er ja wieder", sagte er und ich ging mit ihm hinaus ins Sprechzimmer. „Den Übeltäter habe ich entfernt, jetzt müsste der Schmerz auch vorbei sein."

Es stimmte, außer einer dicken Backe spürte ich kaum etwas.

Bis unsere Fahrgelegenheit kam, hatten wir noch etwas Zeit. Schwester Leni hatte Durst, deshalb gingen wir in die gegenüberliegende Gastwirtschaft. Sie bestellte drei Flaschen Raspa mit fünf Gläsern.

Sie trank eine Flasche und die zwei anderen, teilten wir uns. Ich versuchte, aus dem Glas zu trinken, und schüttete mir die Hälfte übers Hemd. Durch die noch wirkende Spritze hatte ich kein Gefühl, wo mein Mund war. Ich versuchte, mit den Fingern vorzutasten, doch es ging daneben.

Schwester Leni sah nur, dass ich mich bekleckert hatte, und zack, hatte ich mir eine kräftige Ohrfeige eingefangen. „Zu dumm, um richtig zu trinken!", sagte sie verärgert.

Die Kinder machten sich noch lange über meine Ohnmacht bei Zahnarzt lustig. Aber es gab Schlimmeres.

Unser Harald war inzwischen schon über drei Jahre alt und machte immer noch in die Windeln. Das hieß, er wurde zum Mittagessen noch auf den Topf gesetzt. Schwester Leni und Heidi fütterten ihn und zwei weitere Kinder. Harald rutschte auf seinem Topf ständig hin und her und blieb nicht ruhig vor ihr sitzen. Das Essen war an diesem Tag scheinbar auch nicht nach seinem Geschmack, es gab Königsberger Klopse mit Senfsoße. Er drehte jedes Mal, wenn sie mit dem Löffel kam, den Kopf schnell zur Seite und dabei schmierte sie ihm die Soße an die Wange.

Da wurde sie richtig wütend, zog Harald vom Topf und versohlte ihm so richtig den Hintern. Harald schrie wie am Spieß.

Ich saß am großen Tisch und konnte mich nicht mehr zurückhalten. Ich schrie sie an: „Hören Sie auf! Das macht man nicht, er ist noch viel zu klein!"

Sie hörte auf, ihn zu schlagen, stand auf und ging auf mich zu. „Was fällt dir ein, mich so anzuschreien?", sagte sie, zog mich zu sich heran und haute mir links und rechts eine runter. „Deine Frechheiten treibe ich dir schon noch aus! Los, in die Ecke! Da bleibst du, bis ich dir erlaube, wieder rauszukommen!"

Fast drei Stunden ließ sie mich in der Ecke stehen. Mir taten die Füße weh, sie waren ganz taub. Der Rücken schmerzte fürchterlich. Danach musste ich mich gleich hinlegen. Es war immer eine richtige Quälerei. Aber das machte sie nicht nur mit mir, alle Kinder, die sie bestrafte, mussten in der Ecke stehen oder knien. Es war ihre Lieblingsbestrafung.

Es war wieder ein Abend, an dem wir nicht einschlafen konnten. Paul meinte, wir sollten mal wieder durch die Gänge schleichen.
„Das ist eine gute Idee", sagte ich und wir schlichen durch die oberen Flure.
Am Tag zuvor war eine alte Frau gestorben. Am hinteren Treppenaufgang befand sich eine Nische, die immer mit einem Vorhang verschlossen wurde. Der Vorhang war jedoch nicht zugezogen und dahinter stand der offene Sarg mit der verstorbenen Frau. Rechts und links daneben brannte je eine große Kerze und verbreitete ein schummriges Licht. Die Stille um uns herum und das fahle Licht erzeugten bei mir eine Gänsehaut. In unseren weißen Nachthemden sahen wir selbst fast schon wie Gespenster aus.
Ich hatte etwas Schiss, an dem Sarg vorbeizugehen, aber das war es ja, was wir suchten und was den Reiz ausmachte.
Die Frau lag ganz friedlich vor uns. Irgendwo im Schloss schlug plötzlich eine Türe zu. Paul und ich erschraken. „Schwester Leni!", sagten wir fast gleichzeitig.
Ich stupste Paul an. „Lass uns schnell runtergehen. Ich glaube, sie macht ihren Rundgang."

Paul nickte und wir schlichen uns nach unten. Als wir die Waschraumtüre öffneten, kam uns Schwester Leni durch den Tagesraum direkt entgegen.

Mich sah sie nur noch im Schlafraum verschwinden, aber Paul erwischte sie. Während er versuchte, in den Schlafraum zu gelangen, schlug sie von hinten auf ihn ein, mit den Worten: „Ich werde euch das Herumschleichen in der Nacht schon noch austreiben!"

Paul sprang in sein Bett und zog sich die Decke über den Kopf.

Dann kam sie zu mir. Ich hatte ebenfalls die Decke über den Kopf gezogen, die Knie angewinkelt und hielt die Bettdecke so, dass es ihr nicht gelang, sie wegzuziehen. Sie schlug mit den Händen auf mich ein.

Ich hörte ein kurzes „Au!" von ihr und sie ließ von mir ab. Sie lief aus dem Schlafraum und schlug die Türe hinter sich zu.

„Ich glaube, das war's", sagte ich zu Paul.

Aber ich hatte mich gründlich geirrt. Schon hörte ich die Waschraumtüre wieder zuschlagen. Mit schnellen Schritten kam sie auf mich zu, in der rechten Hand hatte sie einen großen Kochlöffel aus Holz.

Sofort zog ich mir wieder die Decke über den Kopf, winkelte die Knie an und verspannte die Zudecke.

Schwester Leni versuchte, die Bettdecke wegzuziehen, aber ich hielt sie so fest, dass es ihr wieder nicht gelang.

Plötzlich verspürte ich einen stechenden Schmerz an meinem rechten Knie. Sie schlug mit dem großen Kochlöffel so fest zu, dass dieser über meinem Knie zerbrach. Ich ließ einen lauten Schrei los.

Schwester Leni sagte kein Wort mehr, nahm die zwei Teile des Kochlöffels und verschwand.

Der Schmerz war sehr stark, ich konnte die ganze Nacht nicht mehr richtig schlafen. Am nächsten Morgen war es mir nicht möglich, das Knie zu bewegen. Es war ganz dick angeschwollen und rotblau verfärbt.

Eine Woche lang konnte ich nicht zur Schule gehen. Das Knie wurde mit essigsaurer Tonerde umwickelt. Dem Arzt und in der Schule musste ich sagen, dass ich mich beim Spielen verletzt hätte.

Schwester Leni wurde immer schlimmer, sie hatte mittlerweile überall das Sagen. Sie war zuständig für das Altenheim, die Küche und für uns.

Die Hausmutter hörte auch nur auf das, was Schwester Leni sagte. Uns beschimpfte sie immer häufiger: „Ihr landet alle mal im Gefängnis. Aus euch wird sowieso nichts Gescheites. Nur Gauner und Verbrecher, wie eure Eltern."

Das machte mich sehr wütend und ich sagte zu mir: Du alte Hexe wirst es wohl wissen ... Mein Vater war kein Verbrecher.

Zwischen dem Tagesraum und dem Waschraum war noch ein kleines Zimmer. In diesem standen vier Kinderbetten mit hohen Gittern davor. Harald und zwei kleinere Kinder waren dort untergebracht. Die Kinder wurden nachts noch im Bett festgebunden, damit sie herauskletterten.

Irgendeiner von den Kleinen weinte nachts immer. Sie weinten manchmal stundenlang, bis sich endlich jemand um sie kümmerte. Das Weinen war oft bis in unseren Schlafraum zu hören.

Manchmal wachte ich davon auf. Dann stand ich auf und sah nach ihnen. Den Schreihals nahm ich aus dem Bett und versuchte, ihn zu beruhigen. Auf der Wickelkommode stand immer Flasche mit Fencheltee. Ich ließ ihn einige Schlucke trinken und schaukelte ihn einen Moment auf dem Arm. So beruhigte er sich meistens schnell wieder. Dann legte ich ihn ins Bettchen zurück und streichelte ein paarmal über seine Wangen. So schlief er schnell wieder ein.

Lani war auch öfter nachts bei ihnen. Meistens hatten sie nur Durst oder schlecht geträumt oder waren durch ihre eingeschränkte Bewegungsfreiheit aufgewacht.

Der Umgang mit den Kleinen bereitete mir keine Probleme, ich war es ja von zu Hause gewohnt. Vroni und Brigitte hatte ich schließlich auch immer versorgen und trösten müssen, wenn sie weinten.

Opa Schäbe beobachtete mich im Garten, als ich versuchte, ein paar Federn von unseren Truthähnen zu bekommen. Die Truthähne besaßen schöne große Federn, die ideal für einen Indianerschmuck waren. Ich erklärte mich, wie fast immer, bereit, die Federn zu besorgen. Langsam schlich ich mich nah an einen Truthahn heran und stürzte mich dann blitzschnell auf ihn, um einige Federn zu ergattern.

Laut schreiend stieben sie auseinander, aber zwei, drei Federn erwischte ich fast immer.

Opa Schäbe wusste nichts Besseres, als gleich zu Schwester Leni zu laufen und es ihr brühwarm zu erzählen. Sie rief durch das geöffnete Fenster zu mir: „Komm sofort hier rauf!"

Ich lief darauf sofort zu ihr hoch und sie kam mir schon im Tagesraum mit schnellen Schritten entgegen, packte mich an den Haaren und zog mich hinter sich her. „So tut das den Tieren auch weh, wenn du ihnen die Federn ausreißt", sagte sie und riss mir ein Büschel Haare dabei aus. Dann drehte sie sich zu mir um und ich bekam noch rechts und links eine reingehauen. „Ab in die Ecke! Hinknien! Und Abendessen gibt es auch keins!", drohte sie noch, dann war sie wieder weg. Das In-der-Ecke-Knien war schlimmer als Stehen. Die Knie schmerzten nach kurzer Zeit, die Zehen taten weh und die Fußgelenk wurden unbeweglich. Wenn ich es nicht mehr aushalten konnte und Schwester Leni oder Heidi nicht zu sehen waren, setzte ich mich kurz ein paar Minuten auf den Hintern, um die Schmerzen zu lindern. Es gab kein Mitleid oder Erbarmen, die Strafe musste durchgehalten werden.

Am Abend versorgte mich Vroni wieder mit einer Doppelscheibe Brot. So blieb mir wenigstens der Hunger erspart.

Eines Nachts tobte ein heftiges Gewitter. Schwester Leni weckte alle Kinder auf. Wir mussten uns anziehen und im Waschraum sitzen. Sie hatte Angst, der Blitz könnte einschlagen und wir kämen nicht mehr rechtzeitig aus dem Gebäude heraus.

Die Gewitter waren manchmal schon sehr heftig. Es donnerte und blitzte, dass man glauben konnte, die Welt ginge unter. Die kleineren Kinder hatten große Angst und drückten sich ganz eng an uns. Bei jedem Donnerschlag zuckten wir vor Schreck zusammen.

Schwester Leni saß auf einem Stuhl, nahm den Rosenkranz in die Hand und plapperte vor sich hin. „Heilige Mutter Gottes, bitte für uns Sünder jetzt und in der Stunde unseres Todes ..." Das Ganze wiederholte sich solange, bis das Gewitter vorbei war. Dann gingen wir wieder ins Bett.

Schon damals verstand ich die Religion nicht. Unser Pfarrer erzählte uns von Nächstenliebe. Niemand dürfe andere Menschen quälen, erniedrigen oder töten. Wie passte das zusammen, auf der einen Seite so gottesfürchtig, auf der anderen Seite so grausam zu sein? Hilflose Kinder so zu quälen und danach um Vergebung zu beten? Also wusste sie doch, dass das, was sie tat, nicht richtig war. Warum tat sie es dann? Ich verstand es einfach nicht.

Schwester Leni ließ sich zu dieser Zeit nicht viel bei uns blicken, sodass Paul und ich die Gelegenheit nutzten und nach der Schule und den Hausaufgaben das Weite zu suchten. Wir kletterten über die Schlossmauer und verschwanden in den umliegenden Wäldern. Wir rannten über die Wiesen so schnell wir nur konnten, legten uns ins Gras und beobachteten die Wolken. Wir konnten den Ruf eines Bussards von dem eines Falken unterscheiden. In der Natur fühlten wir uns frei und das genossen wir in vollen Zügen. Bald kannten wir jeden Bussard- und Falkenhorst. Wir kletterten bis zu ihren Nestern hoch und sahen die jungen Vögel darin sitzen. Das Hochklettern war sehr anstrengend und scheuerte uns die Haut an den Oberschenkeln auf, denn die kurzen Hosen waren kein Schutz gegen die Baumrinde.
Paul überlegte und sagte schließlich: „Warum nehmen wir nicht einen kleinen Falken mit? Im Schloss gibt es genügend Mäuse und aus der Küche holen wir uns Fleisch."

„Wo sollten wir ihn unterbringen?" fragte ich zurück. „Wir brauchen einen Käfig."

„Das kriegen wir schon hin", meinte Paul.

Im Schlosskeller fanden wir einen Hühnerkäfig, der, so meinten wir, auch groß genug für den kleinen Falken wäre.

Am nächsten Tag zogen wir los, um uns einen jungen Falken zu holen. Mit einer Schnur hatte ich einen Jutesack an meiner Hüfte befestigt und begann, den Baum hochzuklettern. Es war auch dieses Mal eine große Anstrengung.

Die Baumrinde war wie immer sehr rau und irgendwie kam mir der Baum heute höher vor. Endlich erreichte ich die ersten Äste. Ab da war es etwas leichter hochzusteigen. Der Horst war fast an der Spitze. Der Baum schwankte nach links und nach rechts. Mit einer Hand suchte ich einen sicheren Halt.

Endlich hatte ich den Horst vor meinen Augen. Es befanden sich zwei junge Falken darin, die sofort ihre Schnäbel aufrissen und mit den Köpfen hin und her wackelten.

Paul rief von unten: „Beeil dich, die Falkenmutter wird bald zurückkommen!"

Schnell griff ich mir ein Junges und verstaute es in meinem Sack.

Der Abstieg ging etwas schneller. Doch Oberarme und Oberschenkel wurden wieder sehr aufgescheuert. Aber es hatte sich gelohnt.

Im Schloss angekommen setzten wir den kleinen Falken in den Käfig. Diesen hatten wir mit Stroh ausgelegt und der Kleine war darin fast nicht zu sehen. Den anderen Kindern, die das Ganze verfolgten, drohten wir Prügel an, sollten sie zu irgendjemandem etwas sagen. Sie hielten alle dicht.

Paul ging hoch in die Küche zu Betty und holte ein Stück Fleisch. Sie fragte zwar, wozu er es brauchte, doch Paul sagte ihr, er erzähle es ihr ein andermal, und Betty gab sich damit zufrieden. Wir zerkleinerten das Fleisch und steckten es dem Kleinen Stück für Stück in den Schnabel.

Im Kellerraum vor der Gartentüre lagen in einer Ecke viele Jutesäcke unter einem Getreidesilo, in dem sich auch noch viel Getreide befand. Das war ein Glück für uns, denn das Getreide für die Hühner schmeckte auch den Mäusen. Zwischen den alten Säcken fanden wir auch viele Mäuse. Die jungen Mäuse verfütterten wir direkt an den jungen Falken, der sie am Stück hinunterwürgte. Unser kleiner Falke wuchs sehr schnell. Jeden Tag hatte er mehr Hunger. Er wurde auch sehr zutraulich. Paul und ich nahmen ihn oft heraus und hielten ihn auf dem Arm.

So verging Woche um Woche und unser Falke wurde langsam flügge. Er war schon fast erwachsen und strotzte nur so vor Kraft. Stolz saß er auf

meiner Hand, die ich zum Schutz mit einem Jutesack umwickelte, denn er besaß messerscharfe
Krallen, die auch fest zupacken konnten.

Zuerst flog er nur ein paar Meter, setzte sich auf
einen Apfelbaumzweig nieder und kam auch
gleich wieder zurück. Dann waren es zwanzig bis
vierzig Meter. Am Tag darauf stieg er schon so
hoch, dass er kaum zu sehen war. Doch mit einem Stück Fleisch in der Hand und auf lautes Zu-
rufen kam er wieder zurück. „Irgendwann wird er
wohl nicht mehr zurückkommen", sagte ich zu
Paul.

Am nächsten Tag ließen wir ihn nach der Fütte-
rung wieder fliegen. Dieses Mal verhielt er sich
anders, er stieg hoch in die Luft, kreiste drei-, vier-
mal über uns, wobei das typische Pfeifen der Falken ertönte, und plötzlich war er nicht mehr zu sehen. Wir hofften, dass er wieder zurückkommen
würde. Aber wir sahen – oder hörten – nie wieder
etwas von ihm.

Anfangs waren wir traurig, dass er weg war. Es
hatte uns aber auch gefreut, dass wir ihn erfolg-
reich hatten großziehen können und er jetzt wieder ein freier Vogel war.

Von dem ganzen Spektakel bekam Schwester
Leni nichts mit. Nur Opa Schäbe konnten wir es
nicht verheimlichen, aber er versprach, uns nicht
zu verpfeifen, denn er hatte von der Truthahn-Ge-
schichte und der daraufhin erfolgten Bestrafung
erfahren und sich im Nachhinein über sich selbst

geärgert. „Ich habe ja auch gesehen, dass es der Vogel gut bei euch hatte", sagte er anerkennend.

Für Paul und mich ging es wieder so weiter wie vor der Falkenaufzucht. Nach der Schule und dem Mittagessen hauten wir sofort wieder ab, um durch die Wälder zu streifen. Es war einfach schön, die Natur zu genießen. Rund um Trautskirchen gab es wunderschöne Waldgebiete und einen großen Fischweiher inmitten einer Waldlichtung, in dem wir im Sommer badeten.
Wir fanden große Flächen mit Pfifferlingen und Steinpilzen. Paul und ich waren uns gleich einig, dass wir am nächsten Tag wieder hierherkommen würden, aber dann mit einer großen Plastiktüte, denn mit den Pilzen könnten wir uns ein bisschen Taschengeld verdienen.
Am Tag darauf waren wir wieder da. Schnell hatten wir unsere große Plastiktüte voll mit Pilzen. Es wären fünf, sechs Kilogramm, meinte der Gastwirt, als er die Tüte in der Hand hielt. Er kaufte uns die Pilze für fünf Mark ab und sagte: „Wenn ihr wieder welche habt, bringt sie mir vorbei. Ich kaufe sie euch immer ab."
Über das Pilzesammeln und -verkaufen hatten wir die Uhrzeit ganz vergessen. Als wir im Schloss ankamen, saßen alle schon beim Abendessen.
Schwester Leni empfing uns gleich mit den Worten: „Wo kommt ihr her? Wer hat euch erlaubt, das Schloss zu verlassen?" Zuerst bekam Paul

rechts und links ein paar Ohrfeigen, dann ich. „Ab in den Waschraum und dann sofort ins Bett. Abendessen gibt es für euch heute nicht!"

Wir waren sehr wütend und schimpften leise über sie. Paul sagte: „Irgendwann, bringe ich die blöde Kuh um – oder ich schlage gleich zurück!"

Wir holten je einen Eimer heißes Wasser aus der Küche, wuschen uns gründlich und gingen ins Bett.

Vroni und Lani zwackten für mich und Paul jeweils eine Doppelscheibe Brot ab. So war unsere Verpflegung einmal mehr sichergestellt, denn wir hatten beide sehr großen Hunger.

Dieses Eingesperrtsein, die ständigen Prügel wegen jeder Kleinigkeit und die Beschimpfungen wie: „Ihr taugt's keinen Schuss Pulver, werdet eh alle Verbrecher und landet schließlich im Gefängnis!", konnten wir nicht mehr hören.

Paul meinte: „Komm, lass uns abhauen. Wir reißen aus und verschwinden!"

„Wo wollen wir denn hin?", fragte ich.

„Egal, Hauptsache erst mal weg", sagte er.

„Die finden uns ja eh gleich und stecken uns dann in ein Erziehungsheim", erwiderte ich.

„Ist mir egal. Schlimmer als hier kann es da auch nicht sein", antwortete Paul. Bis tief in die Nacht redeten wir darüber und schliefen schließlich dabei ein.

Vroni hatte Angst, dass uns dabei etwas zustoßen könnte, und sagte: „Lasst es sein, tut das nicht. Es könnte euch etwas passieren und davor habe ich Angst."

„Wir können schon auf uns aufpassen, darauf kannst du dich verlassen", versicherte ich ihr.

Inzwischen hatten auch die großen Ferien begonnen. Es war das Jahr 1963 und ich war dreizehn Jahre alt. Lani hatte die Schule abgeschlossen und das Heim verlassen. Paul wurde vierzehn musste die achte Klasse mit mir zusammen noch absolvieren. Unseren Plan, wegzulaufen, hatten wir noch immer im Kopf. Wir wollten verschwinden, denn das Leben hier war für uns eine Katastrophe. Auch dachten wir, dass das Jugendamt vielleicht nachfragen würde, warum wir wegelaufen seien, und sich dadurch etwas ändern würde. So beschlossen wir, am kommenden Tag unser Vorhaben zu realisieren.

Nun war es so weit. Nach dem Mittagessen schien uns ein günstiger Zeitpunkt zu sein. Da sah man meistens weder Schwester Leni noch Heidi, denn es herrschte eine Art Mittagsruhe. Wir hatten keinen richtigen Plan. Jeder von uns hatte nur zwei Butterbrote vom Frühstück bei sich. Zu Vroni sagte ich kurz Ade, dann ging es ab über die Mauer.

Es war ein sonniger Tag. Die Luft war sehr heiß und schwül. Schon nach kurzer Zeit kamen wir mächtig ins Schwitzen. Auf einer Landkarte hatten wir uns vorher den Weg nach Neustadt angesehen. Richtung Norden wollten wir gehen. Da wir früher mit dem Hausvater öfter zum Einkaufen nach Neustadt gefahren waren, konnten wir uns zumindest etwas orientieren. Bekleidet waren wir mit kurzen Hosen und einem Hemd mit kurzen Ärmeln. An den Füßen trugen wir weiße Turnschuhe mit einem blauen Streifen.

Unser Weg ging querfeldein. Auf einer Wiese standen einige Apfelbäume und wir aßen ein paar Äpfel und ruhten uns in ihrem Schatten etwas aus. Die Pause tat gut, aber leider hatten wir nichts zu trinken dabei. Um uns herum war alles sehr still, nur ein paar Feldlerchen schwirrten mit viel Geschrei über ihre Nester auf einer Wiese.

Am Himmel zogen Gewitterwolken auf und ich sagte zu Paul: „Wir müssen zusehen, dass wir einen Unterschlupf finden, denn so wie der Himmel aussieht, kommt wohl bald ein Gewitter."

Paul sah ebenfalls hoch und meinte: „Oje, das kann ja heiter werden. Lass uns schnell weiterlaufen, vielleicht finden wir irgendwo einen Unterschlupf."

Wir liefen so schnell es ging in den Wald hinein, denn wir glaubten, dass wir dort sicherer wären als auf dem freien Feld. Es dauerte nicht lange, schon blies uns ein starker Wind entgegen und es fing an zu tröpfeln. Von Weitem hörten wir grollenden Donner und Blitze zucken vom Himmel.

Schnell kam das Gewitter näher. Der Wind und der Regen wurden heftiger.

Paul sah in der Ferne ein Gebäude. „Schau, Walter, da, da vorne ist etwas. Vielleicht können wir uns da unterstellen."

Ohne weiter zu überlegen, liefen wir so schnell es ging dorthin. Es war eine alte Scheune. Darin befanden sich einige Ackergeräte und große Strohballen, die übereinander aufgeschichtet waren. Gott sei Dank wurde die Türe nur von einem Metallriegel gesichert.

Der Regen hatte uns schon voll erwischt. Patschnass suchten wir eine Stelle, wo wir uns ausruhen konnten. Oben auf den Strohballen fanden wir ein schönes, trockenes Plätzchen.

Das Dach und die Wände der Scheune hatten auch schon bessere Zeiten erlebt. Überall regnete es herein und der Wind pfiff kräftig durch die Schlitze in der Verschalung. Das Gewitter war jetzt direkt über uns und die Blitze ließen das Innere der Scheune in ihrem blauen Licht hell erstrahlen. Mit jedem Donnerschlag zitterte die ganze Scheune.

Paul wurde plötzlich panisch vor Angst. „Lass uns schnell von hier verschwinden. Der Schuppen fällt gleich in sich zusammen", sagte er mit ängstlicher Stimme, als ein starker Windstoß die Dachbalken zum Knarren brachte.

„Wo willst du denn hin? Wenn du rausgehst, trifft dich der Blitz oder ein Ast, der durch den starken

Wind abgebrochen wurde und durch die Luft fliegt. Nein, hier sind wir am sichersten", erklärte ich und zog ihn dabei leicht am Arm zurück auf den Strohballen.

Paul rutschte zu mir herüber und meinte leise: „Das wird wohl das Beste sein, aber wohl fühle ich mich hier nicht."

„Ich mich auch nicht, aber es ist bestimmt besser als da draußen. Das Gewitter zieht ja auch irgendwann vorbei", versuchte ich, ihn wieder zu ermutigen.

Nach etwa einer halben Stunde war das Gewitter fast wieder vorbei. Der Donner wurde leiser und der Wind hatte sich auch gelegt. Die Wolkendecke riss ebenfalls auf und die Sonne kam wieder hervor.

Paul fragte, wie spät es wohl sei.

„Keine Ahnung, vielleicht siebzehn oder achtzehn Uhr", sagte ich. „Wir könnten doch hier übernachten und morgen früh weitergehen."

„Hier bleibe ich keine Nacht! Lass uns weitergehen, nach Markt Erlbach. Es ist nicht mehr weit. Da können wir zu meinem Vater gehen, der gibt uns Essen und Trinken."

Wo das Dorf genau lag, wussten wir nicht, nur die ungefähre Richtung. Wir aßen noch den Rest unseres Brotes und machten uns dann wieder auf den Weg.

Eine Stunde waren wir etwa unterwegs, als wir in der Ferne den Wasserspeicher von Markt Erlbach sahen. „Da, da vorne ist es! Den Turm kenne ich, daran sind wir oft schon vorbeigefahren", sagte Paul.

Nach ein paar Kilometern waren wir im Ort. „Hier irgendwo in der Nähe müsste mein Vater wohnen."

Wir liefen in eine Seitengasse am Ortsrand, als Paul rief: „Da vorne, ich denke, das ist das Haus. Du bleibst am besten hier und wartest auf mich. Ich schau mal nach, ob mein Vater da ist."

Es verging fast eine halbe Stunde, bis Paul wieder aus dem Haus kam. „Was ist los?", fragte ich. „Es ist mein Vater, aber er will nicht, dass wir zu ihm kommen. Ich glaube, er ist auch ziemlich betrunken."

„Hat er denn nichts zu essen und zu trinken für uns gehabt?"

„Nein, er will seine Ruhe haben und wir sollen uns wieder verziehen, hat er gesagt." Paul war sichtlich enttäuscht. Er hatte gedacht, sein Vater würde sich freuen, ihn zu sehen.

„Mach dir nichts draus. Er hat euch im Heim nie besucht, warum sollte er sich jetzt auf dich freuen? Er hat sicherlich auch nicht nach deinen Geschwistern gefragt, oder?"

„Nein, er wollte nichts von uns wissen."

„Lass uns weitergehen", sagte ich und klopfte ihm ermutigend auf die Schulter. „Es wird bald dunkel."

134

„Wo wollen wir denn hin? Ich kenne hier niemanden", klagte Paul. Er fing an, mir mit seinem Gejammer auf die Nerven zu gehen.

„Du hast doch immer gesagt, lass uns abhauen. Jetzt ziehen wir das auch durch! Wie sieht das denn aus, wenn wir jetzt wieder zurückgehen?"

„Ist mir egal, ich mag nicht mehr", sagte Paul. Er war durch die Begegnung mit seinem Vater mit seinen Nerven ziemlich am Ende.

Wir saßen an einem Feldrain, gleich hinter Markt Erlbach. Die Dämmerung setzte ein und die Luft wurde etwas kühler, sie roch frisch und ich atmete tief ein und aus. Der Gedanke, jetzt in einem trockenem Bett liegen zu können, war schon verlockend, aber ich musste mir schnell etwas überlegen. „Ich weiß jetzt, was wir machen, Paul. Wir gehen zu mir nach Hause. Da kriegen wir etwas zu essen und zu trinken. Wir können auch bei uns übernachten und morgen überlegen wir dann, wie es weitergeht, okay, Paul?"

„Wie weit ist das noch?"

„Keine Ahnung, hinter Neustadt, ich denke drei, vier Stunden wird es wohl noch dauern."

„Dann lass uns loslaufen", sagte Paul.

Auch ich bekam nun ein mulmiges Gefühl. Was, wenn mein Vater nicht zu Hause wäre? Was würden wir dann machen? Hatte ich den Mund zu voll genommen? Was hatten wir für eine Alternative?

Inzwischen war es dunkel geworden. Durch den bewölkten Himmel blitzten ab und zu ein paar Sterne hervor. Wir liefen die Straße entlang, denn das schien mir die sicherste Lösung zu sein, sich nicht zu verlaufen. Bei jedem Auto, das uns entgegenkam, sprangen wir in den Straßengraben, um uns zu verstecken, denn wir dachten, man würde uns schon suchen.

Die Straße schien endlos. Der vom Gewitterregen noch nasse Asphalt glänzte im Scheinwerferlicht der vorbeifahrenden Autos. In unseren feuchten Klamotten fingen wir langsam an zu frieren.

Die Straße vor uns mit ihrer lang gezogenen Linkskurve und dem starken Gefälle kam mir bekannt vor. Wir näherten uns Losaurach. So steil, wie es eben bergab gegangen war, so steil ging es auf der anderen Seite wieder bergauf.

„Die Hälfte der Strecke dürften wir geschafft haben", rief ich Paul zu.

„Noch nicht mehr? Ich habe keine Kraft mehr, ich friere und will zurück", jammerte er.

„Ich gehe nicht zurück, außerdem sind wir jetzt schneller bei meinem Vater als im Kinderheim. Ich will nicht zurück, ich gehe weiter!"

Paul murmelte noch ein wenig vor sich hin und lief langsam hinter mir her.

Endlich standen wir vor dem Ortsschild von Neustadt/Aisch. „Bald haben wir es geschafft, Paul, es sind noch etwa vier Kilometer."

Wir liefen gerade über den Marktplatz, als die Rathausuhr zweiundzwanzig Uhr schlug. Die Stadt war ruhig, kaum ein Auto kam uns entgegen. Langsam kroch uns die Müdigkeit in die Glieder, aber das Ziel lag zum Greifen nahe und wir gingen zügig weiter.

Der Weg zwischen Neustadt und Diespeck war etwa einen Kilometer lang und dunkel. Die Straßenbeleuchtung von Neustadt endete am Ortsschild, aber den Weg nach Diespeck kannte ich gut.

„Wo ist euer Haus? Wie weit ist es noch? Ich kann nicht mehr", sagte Paul mit gesenktem Kopf. „Nicht mehr weit. Schau, da vorne die Straße, da müssen wir links runter und dann sind wir da."

Wir bogen in die Stübacherstraße ein. „Das Eckhaus links gehört der Familie Lohmann und hinter diesem Fenster schläft mein Bruder Albrecht", sagte ich leise zu Paul, denn ich wollte niemanden aufwecken. Unser Haus stand im Dunkeln vor uns. „Da haben wir alle mal gewohnt."

Die Haustüre war nicht abgeschlossen, also ging ich hinein und geradeaus auf die Küchentüre zu, unter der ein schwacher Lichtschein zu sehen war. Zaghaft klopfte ich an der Türe, aber ich bekam keine Antwort. Da fiel mir ein, dass mein Vater ein Hörgerät trug, das er vielleicht nicht eingeschaltet hatte.

Mein Klopfen wurde kräftiger und ich hörte ein schroffes „Ja?" Mein Herz klopfte aufgeregt und zaghaft öffnete ich die Tür.

Mein Vater saß an seiner Nähmaschine und sah mich erschrocken an. „Wo kommst du denn her?", fragte er erstaunt.

„Wir sind abgehauen. Wir haben es im Heim nicht mehr ausgehalten", sagte Paul.

„Kommt herein und setzt euch. Ihr habt sicher Hunger und Durst. Ich mach euch ein paar Brote."

Nach der Brotzeit fielen uns fast die Augen zu. Mein Vater stellte uns keine Fragen, er sah, dass wir müde waren. „Kommt schlafen und ruht euch erst mal richtig aus. Morgen sieht die Welt schon wieder etwas anders aus", tröstete er uns.

Wir legten uns ins Bett und schliefen sofort ein.

Am nächsten Morgen wachten wir gegen neun Uhr auf. Mein Vater ließ uns ausschlafen und sagte: „Ihr hattet gestern einen anstrengenden Tag und solltet euch richtig ausschlafen."

Der Frühstückstisch war bereits gedeckt, mit frischen Brötchen, Honig und Kakao. Vater erzählte uns, dass er gerade einkaufen gewesen sei und bei der Gelegenheit habe er im Heim angerufen. Im Heim sei man angeblich in großer Sorge, wo wir seien.

Fünf Brötchen mit viel Honig und Margarine hatte jeder von uns verdrückt, wir waren richtig satt. Vater sagte uns: „Nachher kommt ein Auto vom

Landratsamt, das bringt euch wieder nach Trautskirchen. Ich kann dich nicht hierbehalten, Walter,
ich muss arbeiten. Es geht leider nicht, das musst
du verstehen." Seine Stimme klang traurig, das
hörte man deutlich heraus.
„Das verstehe ich. Ich bin dir auch nicht böse. Ich
weiß, dass wir wieder zurückmüssen."
Paul redete kein Wort, irgendwie hatte ich das
Gefühl, dass er froh war, wieder ins Heim zurück-
zukommen. Wir saßen nur still da und warteten.

Ein Auto hupte plötzlich vor dem Haus. „Das wird
für euch sein." Mein Vater lief zur Haustüre und
öffnete sie. Ein Mann und eine Frau vom Jugendamt, sie im grauen Kostüm, er im gleichfarbigen
Anzug mit grauer Kappe auf dem Kopf, standen
vor ihm. „Wo sind die beiden?", hörte ich eine
Männerstimme fragen.
„Sie kommen gleich", antwortete mein Vater. Er
kam zurück in die Küche, strich mir kurz über die
Haare, sagte halblaut: „Mach's gut, Kleiner", und
begleitete uns zum Hauseingang. Dann drehte er
sich um und schloss hinter sich die Haustüre.
Auf der Hauseingangsstufe blieb ich kurz stehen
und mein Blick ging noch einmal über die Straße,
zum Haus der Familie Beuerlein, den immer
freundlichen und netten alten Leuten. Ob sie wohl
beide noch am Leben waren? Hatten sie ihre Ziegen noch? Es war alles sehr ruhig bei ihnen und

meinen Vater konnte ich nicht mehr danach fragen.

Ich schaute über den Bahndamm bis zur Aisch. Die Luft war diesig und noch feucht vom gestrigem Gewitterregen. In der Luft hing der modrige, warme Duft des Flusses, den ich vermisst hatte. Der Geruch, den ich seit meiner Geburt eingeatmet hatte, der mir vertraut war und in mir ein kurzes Glücksgefühl aufsteigen ließ. Hier war ich zu Hause, hier sollte ich sein.

Ich schloss meine Augen und atmete diese vertraute Luft ganz tief und ruhig ein. Vor uns stand der gleiche graue VW-Bus wie vor drei Jahren, mit geöffneter Schiebetüre. „Einsteigen", sagte der Mann mit schroffer Stimme und schob mich mit der rechten Hand in den Bus. Paul sagte kein Wort und folgte der Aufforderung einzusteigen.

Der Bus wendete vor dem Haus und fuhr zur Hauptstraße. Die Straße war noch genauso holprig wie vor drei Jahren, als sie uns abgeholt hatten.

Im Bus schloss ich nochmals die Augen und versuchte, mich an schöne Dinge aus der Vergangenheit zu erinnern. Unser Haus sah noch genauso schlecht aus wie damals, als wir es verlassen hatten. Doch etwas hatte sich verändert. Es gab einen Wasseranschluss im Haus und gleich neben der Haustüre rechts, im Flur, eine Toilette mit Wasserspülung. Den Duft der Aisch hatte ich noch in der Nase und dachte an die Zeit im Sommer, als ich darin gebadet hatte. Das Wasser war klar und auch nicht zu tief. Es gab viele Fische darin und die kleinen Fische konnten wir sogar mit den Händen fangen. Man musste einfach nur langsam mit der flachen Hand unter die Fische fahren und sie dann langsam nach oben heben, schon hatte man einen. Es war ganz einfach.

Jeden Sommer litt ich an starken Sonnenbränden. Meine blasse Haut war sehr empfindlich, Sonnenschutzmittel hatten wir nicht. Mein Vater strich dann meinen Rücken mit einer Gänsefeder und Olivenöl ein, um die Schmerzen etwas zu lindern. Es war jedes Jahr eine sehr schmerzhafte Erfahrung.

Herr Huber fiel mir plötzlich ein. Er wohnte mit seiner Familie im ersten Stock unseres Hauses. Er war ein starker Raucher. Seine Zigarettenmarke hieß Zupan, es waren welche ohne Filter und er rauchte sie bis zum letzten Zug, das hieß, bis kein Tabak mehr vorhanden war. Sein Zeigefinger und sein Daumen waren dunkelbraun, fast schon schwarz verbrannt von der Glut und gelb verfärbt vom Nikotin. Ich sah öfter, wie er den allerletzten Zug herausholte. Dabei befand sich die Zigarettenglut bereits zwischen seinen Fingern, doch er spürte scheinbar nichts davon.

Frau Huber hatte die Familie schon lange verlassen und lebte in München. Werner und seine Geschwister waren schon erwachsen und gingen ihre eigenen Wege. Herr Huber wohnte jetzt allein im oberen Stock.

Die Fahrt zurück nach Trautskirchen verlief sehr still. Niemand sprach ein Wort. Keiner der beiden Begleiter wollte wissen, warum wir weggelaufen waren. Es interessierte sie nicht. Sie erfüllten nur ihre Aufgabe, die darin bestand, uns wieder abzuliefern.

Der Bus hielt an. „Wir sind da, aussteigen", sagte die Frau und brachte uns zum Eingangstor.

Das Tor ging auf und Schwester Leni nahm uns in Empfang. Sie sagte kein Wort, schob uns nur vor sich her in Richtung Waschraum.

Vor der Türe hielten wir kurz inne. Paul, der vor mir lief, sah einen Schatten hinter der Milchglasscheibe, die im oberen Teil der Türe angebracht war, trat plötzlich zur Seite und schob mich vor.

Als ich die Türe öffnete, sah ich schon den Schatten, es war Heidi.

Ich war noch nicht richtig im Raum, da ging es auch schon los. Heidi packte mich am Nacken und schubste mich vor sich her. Dabei schlug sie mit einem Kochlöffel und mit aller Kraft, die sie besaß, auf mich ein. Ich legte sofort beide Arme über meinen Kopf, um ihn zu schützen. Die Schmerzen waren überall zu spüren.

Während sie auf mich einschlug, schrie sie mit wütender Stimme: „Was erlaubt ihr euch? Was fällt euch ein, einfach abzuhauen? Das werde ich euch austreiben!"

Paul erging es genauso, auch Schwester Leni prügelte von hinten auf ihn ein, bis er im Schlafzimmer ankam. Ihr Wortlaut war ähnlich, nur ihre Stimme überschlug sich dabei und ab und zu rang sie nach Luft. „So, da bleibt ihr heute. Wehe, ich sehe einen von euch außerhalb des Schlafraumes!"

Am ganzen Körper spürte ich Schmerzen und mein Kopf schien fast zu zerspringen. Überall auf dem Rücken waren blaue Flecke zu sehen. Mein Kopf war mit Beulen übersät und über dem rechten Ohr hatte ich eine blutende Platzwunde.

Paul jammerte vor sich hin: „Irgendwann bring ich sie um, die alte Schachtel!"

„Ich hatte schon erwartet, dass sie uns ein paar runterhauen würden, allerdings nicht in dieser Härte", erwiderte ich.

Auch diese Schmerzen gingen vorüber. Eines Tages, als wir wieder knapp vor dem Abendessen von unseren Streifzügen zurückkamen – wir waren gerade auf der Kellertreppe, um nach oben zu gehen –, lief uns Vroni entgegen. „Schnell kommt! Schwester Leni sucht euch. Ihr sollt hoch ins Altenheim kommen."

Als wir die Treppe hochliefen, hörten wir schon ein Stimmengewirr. Zwei alte Männer, die sich anschrien, und Schwester Leni, die auf die beiden einredete. Als sie uns kommen sah, rief sie: „Schnell, nehmt ihm den Stock ab! Der erschlägt den anderen sonst."

Einer der Alten versuchte, den anderen mit seinem Gehstock zu verprügeln. Wie es aussah, hatte er ihn auch schon heftig getroffen, denn am Kopf war eine Platzwunde, die heftig blutete.

Paul ging direkt auf ihn zu und ergriff blitzschnell den Gehstock.

Der alte Mann wollte gerade ausholen und nach Paul schlagen. Dabei schrie er: „Haut bloß ab, sonst erschlage ich euch alle!"

Aber Paul hatte den Stock fest im Griff und mit einem kräftigen Ruck nahm er ihn an sich.

Den anderen Kontrahenten setzte ich auf einen Stuhl und drückte ein feuchtes Handtuch, das neben der Waschschüssel an einem Haken hing, auf seine blutende Wunde.

Die Erregung der beiden legte sich langsam. Die Streithähne saßen mit gesenkten Köpfen da und atmeten schwer.

Da kam auch schon Heidi mit einem Verbandskasten. Sie wusch dem einen das Blut ab und verband seine Wunde.

„Was war denn los? Warum haben die aufeinander eingeschlagen?", fragte ich.

Bei der Auseinandersetzung ging es um eine alte Frau, die ein paar Zimmer weiter wohnte. Jeder der beiden war der Meinung, dass sie seine

Freundin sei, und aus dem Wortgefecht war dann eine handfeste Auseinandersetzung geworden.

Die Frau, um die es ging, war dement. Sie lief die ganze Zeit mit einem kleinen Bündel Wäsche im Arm durch die Gegend und sprach leise vor sich hin. Sie hatte auch immer ein verschmitztes Lächeln im Gesicht. Es war dieselbe Frau, der wir vor ein paar Monaten unten im Schlosshof unser Antifaltengesichtswasser angedreht hatten. Das Lächeln der Frau schienen die beiden wohl falsch verstanden zu haben.

Kleinere Streitigkeiten gab es immer, aber die konnte Schwester Leni selbst schlichten. Hier hatte sich wieder alles beruhigt und wir gingen nach unten.

Es war wieder ein sehr langweiliger Nachmittag. Ich sagte zu Paul: „Komm, lass uns runter zum Sportplatz gehen. Vielleicht können wir ein bisschen Fußball spielen."

„Klar, hauen wir ab", antwortete Paul.

Siegfried und Harald gingen auch mit. Vom Dorf waren auch sechs Jungs da, die herumkickten.

Paul ging auf die Jungs zu und sagte: „Na los, lasst uns zwei Mannschaften bilden."

Die Jungs sahen einander an und waren einverstanden. So spielten wir, die „Schlösser" gegen die Bauernkinder. Das Spiel lief einige Zeit ganz ruhig ab, wir führten mit 2:1 Toren, als plötzlich Harald kurz vor unserem Tor einen Jungen durch ein grobes Foul zu Fall brachte. Es war Dieter, der eine Klasse höher war als Harald.

Dieter schlug sich das Knie auf und ging sofort auf Harald los, warf ihn auf den Rücken, setzte sich auf seinen Bauch und schlug ihm abwechselnd links und rechts ins Gesicht. Dabei brüllte er: „Du faule Sau, das machst du nicht mehr mit mir! Das treibe ich dir aus!"

Harald fing an, richtig heftig zu plärren und zu weinen. Paul und ich standen daneben und griffen nicht ein.

Dieter ließ nicht von Harald ab, er genoss es sichtlich, Harald so richtig zu verprügeln.

Paul beugte sich zu Harald hinunter und forderte ihn auf: „Jetzt wehr dich endlich! Los, zeig, dass du auch was draufhast und wehr dich!"

Dieter machte unermüdlich weiter. Paul rief Harald immer noch zu, dass er sich wehren sollte.

Ich konnte es nicht mehr hören, dieses Schreien von Harald, das sehr schrill klang und in den Ohren schmerzte. Gerade als ich ihm helfen wollte, war Harald so in Wut geraten, dass er Dieter am Hemdkragen packen konnte und ihn zu sich herunterzog.

Durch Pauls Anfeuerungen wurde er plötzlich mutiger. Er schaffte es, Dieter auf den Boden zu ziehen, und saß plötzlich auf ihm. Das Blatt hat sich gewendet.

Harald, der etwas schwerer war als Dieter, hatte ihn am Boden und schlug wie besessen mit aller Kraft und lautem Geschrei auf ihn ein.

Dieter leistete plötzlich keine Gegenwehr mehr, er blutete heftig aus der Nase und blieb einfach liegen.

Ich sah, dass er fertig war, und zog Harald, der noch immer auf ihn einschlug, von ihm herunter.

„Es reicht! Lass ihn in Ruhe, Harald, der ist fertig!", sagte ich zu Ihm.

Harald ließ von ihm ab, er schluchzte immer noch und zitterte vor Aufregung am ganzen Körper. Er blutete aus der Nase und sein Gesicht war durch die Schläge angeschwollen.

Keiner der anderen Jungs hatte eingegriffen. Sie schauten nur erstaunt, wie Harald das Blatt gewendet hatte.

Dieters Nase war gebrochen. Er stand langsam auf und ging jammernd nach Hause.

Seine Eltern kamen noch am gleichen Tag zur Hausmutter und beschwerten sich massiv darüber, wie böse wir ihren Jungen geschlagen hätten. Man müsste uns alle einsperren.

Die Hausmutter ließ uns alle antreten und beschimpfte uns auf das Übelste. Was geschehen war oder wie es zu der Schlägerei gekommen war, wollte sie nicht wissen.

Paul und ich jedoch waren mächtig stolz auf Harald. Wir lobten ihn, dass er sich endlich einmal zur Wehr gesetzt hatte, und auch er war sichtlich mit sich zufrieden.

Eines Abends, beim Essen, hatten sich Paul und Siegfried in der Wolle. Siegfried hatte Pauls Schwester Sylvia ständig gezwickt und versucht, sie zu begrabschen. Er ließ nicht von ihr ab.
Sie fand das unangenehm und sagte, dass er aufhören solle, sie wolle das nicht. Siegfried lachte nur und machte weiter.
Paul stand plötzlich auf, packte Siegfried am Kragen und verpasste ihm ein paar saftige Ohrfeigen. Siegfried schrie gleich los, als wollte man ihn umbringen.
Im gleichen Moment ging die Türe auf und Schwester Leni kam herein, sie hörte Siegfried heulen.
Er deutete auf Paul und schluchzte: „Der Paul war's!"
Sie fragte nie, was los war, sondern rief gleich zu Paul: „Komm her! Was fällt dir ein?", und schlug mit beiden Händen auf Paul ein.
Paul, der sein Gesicht mit beiden Armen zu schützen versuchte, drehte sich plötzlich zu ihr um, packte ihre beiden Handgelenke und drückte sie über ihrem Kopf fest gegen die Wand. Wütend starrte er in ihr vor Schreck schneeweißes Gesicht. Mit hochrotem Kopf und bebender Stimme, fast Nase an Nase, sagte er: „Jetzt reicht es mir!

Wenn du mich noch einmal schlägst, du alte Schlange, bring ich dich um!"

Sie hatte keine Chance gegen ihn, Paul war fast einen Kopf größer als sie. Dann ließ er sie langsam los, ihre Arme fielen kraftlos nach unten. Geschockt und am ganzen Körper zitternd verließ sie das Zimmer.

Bei uns im Raum herrschte toten Stille. Vor Schreck über das, was gerade passiert war, vergaßen wir fast zu atmen. Erst langsam kam wieder leises Gemurmel auf.

Paul setzte sich zu uns an den Tisch und trank einen Schluck Tee. Nachdem er sich etwas beruhigt hatte, sagte er: „Wegen mir können sie mich jetzt einsperren. Das hätte ich schon viel früher machen sollen!"

Seit diesem Moment hatte ich riesigen Respekt vor Paul. Dass er sich das trauen würde, hätte ich nie gedacht.

Niemand im Heim hat je wieder über den Vorfall gesprochen, doch Schwester Leni, hat kein Kind mehr geschlagen, solange Paul noch da war.

Das letzte Jahr im Heim war nun für Paul und mich angebrochen. Es war mittlerweile Mai 1964 und an diesem Tag kamen zwei Frauen von der Berufsberatung aus Neustadt zu uns in die Klasse. Sie fragten, wer noch keinen Ausbildungsplatz hätte und was wir für Berufswünsche hätten.

Schwester Leni hatte zu mir gemeint: „Grafiker ist kein Beruf und außerdem bist du zu doof dafür. Du wirst Friseur, du bist ein schwaches Kerlchen, da musst du dich nicht anstrengen."

Das habe ich dann auch so zu der Berufsberaterin gesagt. Nun, mein Zeugnis war nicht das Beste, der Lehrer meinte, knapper Durchschnitt.

Ein paar Wochen später, an einem Sonntag, stand plötzlich ein Friseurmeister aus Neustadt vor mir. Er hatte sein Geschäft in der Nürnberger Straße. „Du willst also Friseur werden, hat man mir gesagt. Ich suche einen Lehrling und wenn du willst, kannst du bei mir ab August anfangen."

Ich hatte keine Ahnung, was da auf mich zu kam, wichtig war erst einmal, hier wegzukommen, und so sagte ich gleich zu. Paul, sollte bei einem Landmaschinenbetrieb in Gollhofen eine Lehre beginnen.

Gleich am ersten Ferientag packte ich meine Sachen. Manfred, Vaters Stiefbruder, holte mich mit seinem roten VW-Käfer ab. Ich verließ das Heim mit einem gemischten Gefühl, denn Vroni, Brigitte und Harald blieben dort zurück.

Schlusswort

Die vier Jahre im Kinderheim waren sehr intensiv und sind bis heute in meine Erinnerung einge- brannt. Was aus den einzelnen Kindern von da- mals geworden ist, weiß ich leider nicht. Nur von Paul habe ich erfahren, dass er seine Lehre nicht beendet hat. Wie man erzählt, hat er sich aus der Ladenkasse seines Lehrbetriebes bedient und wurde daraufhin entlassen. Kurze Zeit später ist er durch einen Unfall zu Tode gekommen.

Siegfried traf ich einige Male in Neustadt. Er war bei einem Konditor in der Ausbildung. Beim ers- ten Treffen sagte er zu mir: „Jetzt kann ich dir die Prügel von damals zurückgeben!" „Okay", sagte ich, „wenn du dich traust und den Mut hast, kannst du es ja probieren." Aber es war wie früher nur heiße Luft. An Mut hatte es ihm schon immer gefehlt. Auch er betrog seinen Lehrherren, stahl Geld aus der Ladenkasse und wurde fristlos ent- lassen. Ein Bekannter erzählte mir, dass Siegfried auch sehr jung ums Leben gekommen sei.

Von meinen Geschwistern sind Albrecht und Günter bereits verstorben. Harald, der Jüngste, lebt in der Schweiz und arbeitet dort als Konditor. Brigitte ist mit einem netten Mann verheiratet. Sie haben ein Haus in Burgbernheim. Vroni ist auch seit dreiundvierzig Jahren glücklich verheiratet, hat eine Tochter und lebt in Nürnberg. Bis heute pflegen wir einen engen Kontakt und treffen uns regelmäßig.

Unser Vater starb 1971 im Alter von sechsundfünfzig Jahren an einem Herzinfarkt. Mutter wurde zweiundsechzig Jahre alt. Sie lebte in Nürnberg mit einem Mann zusammen, der Gehard erst drei Wochen später über ihren Tod informierte. Das Kind, das sie damals, als wir nach Trautskirchen geschickt worden waren, im Leib trug, wurde am 17.03.1960 geboren. Es war ein Junge, der seine Kindheit auch nur in Heimen zubrachte.

Ich absolvierte meine Friseurlehre und meldete mich danach für vier Jahre freiwillig zur Marine. Es war mein Wusch, wenigstens ein bisschen von der Welt zu sehen. Diese Zeit möchte ich nicht missen.

1973 heiratete ich eine wunderbare Frau, mit der ich heuer bereits das sechsundvierzigste Ehejahr feiern durfte. Wir haben zwei großartige Kinder, einen Sohn und eine Tochter, und zwei liebe Enkelkinder. Seit 1986 leben wir in unserem Haus in einem netten Dorf in der Nähe von Bamberg.

Was bleibt, sind Narben auf der Seele.

Ein herzliches Dankeschön möchte ich noch meiner Tochter Heike und meinem Enkelkind Hanna sagen, für ihre Hilfe und Geduld, wenn ich Probleme mit der Verarbeitung meines Textes in die EDV hatte.

FSC
www.fsc.org

MIX

Papier | Fördert
gute Waldnutzung

FSC® C083411

Zeitfracht Medien GmbH
Ferdinand-Jühlke-Straße 7
99095 Erfurt, Deutschland
produktsicherheit@kolibri360.de